DELIBES EN EL CINE

Adaptaciones visuales y vigencia actual

Serie: LITERATURA, 110

Delibes en el cine : adaptaciones visuales y vigencia actual /
Valladolid : Universidad de Valladolid, Cátedra de Cine : Fundación Miguel Delibes, 2026

    240 p. ; 21 cm. – (Literatura ; 110)
    ISBN 978-84-1320-391-1
    Ed. bilingüe en español y en inglés

1. Delibes, Miguel (1920-2010) – Crítica e interpretación
2. Novela española – Siglo XX – Adaptaciones cinematográ-
ficas y televisivas I. González del Pozo, Jorge, ed. lit. II. Castán
Lanaspa, Javier, coord. III. Zamácola Feijóo, Fernando, coord.
IV. Universidad de Valladolid. Cátedra de Historia y Estética de la
Cinematografía, ed. V. Fundación Miguel Delibes, ed.

    791.094:821.134.2"19"Delibes
    821.134.2"19"Delibes:791.094

DELIBES EN EL CINE

Adaptaciones visuales y vigencia actual

Editor:
JORGE GONZÁLEZ DEL POZO

Coordinadores:
JAVIER CASTÁN LANASPA
FERNANDO ZAMÁCOLA FEIJÓO

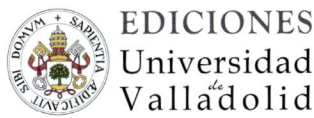

© LOS AUTORES, 2026
EDICIONES UNIVERSIDAD DE VALLADOLID

Motivo de cubierta: Fundación Miguel Delibes, AMD,126,4,2
Diseño de cubierta: Ediciones Universidad de Valladolid

ISBN: 978-84-1320-391-1
Dep. Legal: VA 125-2026

Preimpresión: Ediciones Universidad de Valladolid
Imprime: Safekat - España

DELIBES EN EL CINE
Adaptaciones visuales y vigencia actual

Índice

DELIBES ON SCREEN
Visual Adaptations and Current Prevailing

Table of Contents

Agradecimientos

JORGE GONZÁLEZ DEL POZO

Cada vez que un libro sale a la luz el esfuerzo se ve recompensado; este no es diferente pero sí es especial. Este trabajo no habría sido posible sin la ayuda de Agustín Cuadrado, experto delibesiano, ya desde el germen primigenio. Tampoco habría florecido de no ser por el apoyo a cada paso en este proceso de Fernando Zamácola Feijóo, Director de la Fundación Miguel Delibes. No puedo dejar de mencionar con cariño a Juan Laborda Barceló, uno de los colaboradores en este volumen, que siempre aporta su comprensión consiguiendo que todos los proyectos fluyan.

No obstante, el verdadero agradecimiento lo merece el legado atemporal de Delibes. Por lo tanto, gracias a su milana inolvidable grabando en la psique y en la retina colectiva justicia social; a las cinco horas del monólogo existencial más famoso de la literatura española –con permiso del de Segismundo–; a la sabiduría ecologista de un chico que reparte verdades como panes de cuatro canteros de las que deberíamos aprender; o a la lucha de un príncipe y su padre, por superar las consecuencias de la guerra y, cómo no, al camino en el que trasegamos todos entre vivencias y gentes, a ese camino de crecimiento que siempre está en mi subconsciente. Gracias, por ende, a la memoria de una narrativa y de una adaptación fílmica que no deja de acompañarnos. En definitiva, gracias a la sensibilidad, a la franqueza y a la profundidad de un escritor irrepetible que sigue presente y vigente.

Detroit, Verano de 2025

Preámbulo

JAVIER CASTÁN LANASPA

Miguel Delibes amó las películas desde niño y, como es bien sabido, comenzó su carrera periodística en *El Norte de Castilla* de Valladolid publicando, entre otras cosas, las críticas de los estrenos –en sus palabras *unas líneas de orientación para el lector del periódico*–, acompañadas de caricaturas de su propia mano que representaban a alguno de los protagonistas de las cintas reseñadas. A la vez, en artículos más extensos y espaciados en el tiempo, dio a conocer su visión del cine, analizando de manera certera las producciones americanas, las películas europeas, que valoraba especialmente, y nuestra cinematografía, sobre la que mantuvo una visión pesimista incluso en los años en los que el cine español obtenía galardones en los grandes festivales europeos y alguna de las adaptaciones de sus novelas alcanzaba reconocimiento internacional. En 1965 organizó un cineclub vinculado al Aula Cultural de *El Norte de Castilla*, del que había llegado a ser director, y casi hasta el final de su vida siguió acudiendo con asiduidad a las salas, para dejarse seducir por *la penumbra, la compañía discreta y las sombras silenciosas en derredor* que, según sus palabras, constituyen el marco imprescindible para la contemplación de las películas.

Muchos estudiosos de la obra de Delibes interpretan que la importancia del cine en la vida del escritor y su profundo conocimiento del lenguaje fílmico debieron de influir en la forma en la que estructuraba sus obras, así como en la definición de los personajes que las protagonizan; los diálogos, sin retórica ni grandilocuencia, llegan a inspirarse, como sucede también en el cine, en palabras y expresiones recogidas de conversaciones que el escritor había escuchado de forma casual. Como él mismo afirma en su texto *Novela y Cine*, la principal dificultad a la que se enfrentan los directores que emprenden la filmación de una obra literaria radica en la reducción o *poda* de la trama, en la selección de aquellos episodios que quedarán fuera sin que se altere de forma significativa el hilo narrativo, el carácter de sus protagonistas o el tono del texto del que parten. En el caso de Delibes, la redacción de los guiones y la traslación de las novelas a imágenes no fueron especialmente fáciles, a pesar del orden fluido del relato y a la naturalidad con la que hablan sus protagonistas, sea cual sea su edad, sexo o clase social.

Lo cierto es que, a pesar de las dificultades que toda adaptación de estas características tiene que superar, la vigencia y la universalidad de las historias y personajes de Miguel Delibes han motivado que sea uno de los autores españoles que en mayor medida ha visto su obra trasladada a la escena y a las pantallas de cine y televisión. Salvo la interesante y pionera versión de *El camino* dirigida por Ana Mariscal en 1963, la mayor parte de las versiones cinematográficas del escritor se han llevado a cabo en los años ochenta y noventa del siglo XX, coincidiendo con las décadas de máximo reconocimiento público del autor vallisoletano y, a la vez, con un primer momento brillante de la cinematografía española, que logró superar la falta de personalidad estética y formal, los argumentos insulsos y la endeblez de los guiones que la habían aquejado en el periodo Franquista, según denunciaba el propio escritor en alguno de sus artículos sobre cine que publicó en los años 50.

Hasta la fecha dos relatos cortos y nueve novelas han sido llevados al cine o adaptados para la televisión, todos ellos en vida de su autor. *La sombra del ciprés es alargada*, de 1948, por Luis Alcoriza en

1990. *El camino*, de 1950, por Ana Mariscal, como ya he señalado, en 1963, y en una segunda versión televisiva por Josefina Molina, en 1977. *Mi idolatrado hijo Sisí*, de 1953, fue filmada en 1976, con el título de *Retrato de familia*, por Antonio Giménez Rico, quien llevaría a la pantalla posteriormente otras dos obras del escritor, *Las ratas*, de 1963, en 1997, y *El disputado voto del señor Cayo*, de 1978, en 1986. En 1973 se publicó *El príncipe destronado*, cuya adaptación por Antonio Mercero cuatro años después, titulada *La guerra de papá*, constituyó uno de los grandes éxitos del cine español en esa década, contribuyendo de manera significativa a la difusión y reconocimiento popular de la obra de Delibes, así como del director de la película y de sus actores, singularmente de su joven protagonista. Pero no cabe duda de que es la versión cinematográfica de *Los Santos Inocentes*, realizada por Mario Camus en 1983, la que ha unido de manera inseparable y definitiva a Miguel Delibes con el séptimo arte, por cuanto una de las novelas más significativas de la literatura española del siglo XX es a la vez, en su adaptación fílmica, una de las obras maestras del cine español desde el punto de vista artístico, y un hito comercial para la industria. Posteriores a la película de Mario Camus son las versiones filmadas de *El tesoro*, novela publicada en 1985 y dirigida por Antonio Mercero en 1988, y *Diario de un jubilado*, de 1995, filmada por Francesc Betriu en 1998 con el título de *Una pareja perfecta*.

La Cátedra que dirijo, siempre atenta a la evolución y creatividad de nuestro cine, se ha interesado en su programación académica de verano y en los seminarios de invierno por las películas basadas en novelas del escritor vallisoletano. En agosto de 1993, durante la trigésima edición del curso de cinematografía, Antonio Giménez Rico presentó en las aulas de la Universidad sus proyectos cinematográficos y participó en un coloquio con el público que asistió a la proyección de *El disputado voto del Señor Cayo*. En 2007 fueron Mario Camus y *Los santos Inocentes* quienes protagonizaron una de las sesiones más destacadas del XLIV Curso de Cinematografía, que se celebró durante el mes de agosto de ese año. Y en octubre de 2021, en el seno de los actos conmemorativos del centenario del escritor, se llevó a cabo un breve ciclo de proyecciones y mesas redondas en torno a las adaptaciones de *El Camino* por Josefina Molina y de *La sombra del ciprés es alargada* por Luis Alcoriza.

Siguiendo en esta línea la Cátedra publica ahora, con el auspicio de Ediciones de la Universidad de Valladolid y la Fundación Miguel Delibes, una serie de artículos de jóvenes investigadores –alguno de ellos antiguo alumno de nuestros cursos–, en los que, coordinados por el profesor Jorge González del Pozo, analizan la obra del escritor a través de sus adaptaciones cinematográficas y teatrales. Los estudios de Hilario J. Rodríguez sobre *Función de Noche* y *Cinco horas con Mario*, el texto de Iván Baena sobre *La guerra de papá*, los análisis de Juan Laborda Barceló en torno a la Tierra de Campos y *Las ratas*, el trabajo de Fernando Marañón relativo a *El camino*, y el de Rocío Alés a partir de *Los santos inocentes*, ponen de manifiesto no sólo la plena actualidad del autor vallisoletano, como asevera González del Pozo en la introducción y la *coda* del libro, sino también la destacada trascendencia literaria, cultural y social de su obra; como ha señalado la profesora Teresa Gómez Trueba, *la huella de Delibes se constata en la obra de los jóvenes novelistas que encuadramos en el movimiento neorruralista o de literatura de la ruralidad*, movimiento en el que hay que incluir, entre otros, al burgalés Moisés Pascual Pozas –por los cuentos y relatos cortos publicados entre 2002 y 2012–, a Jesús Carrasco –*Intemperie*, 2013–, Santiago Lorenzo –*Los asquerosos*, 2018–, Andrea Abreu –*Por si se va la luz*, 2020–, o Sara Mesa –*Un amor*, 2020–. Esta corriente neorrural, utópica aunque fundamentada en indiscutibles razones de índole económica, social, ética y ecológica, propone, como medio de paliar el problema del despoblamiento rural, –la *España vacía* definida por Sergio del Molino–, la emigración inversa, el retorno al campo, promoviendo modos de vida alternativos, sobrios y respetuosos con la naturaleza y las tradiciones, el mundo que Delibes describe en sus novelas y que hoy se encuentra en las antípodas del insostenible y descontrolado ámbito urbano.

El movimiento de La *nueva ruralidad* se manifiesta también en la creación cinematográfica destacando, por lo comprometido de su discurso y calidad técnica, la pionera *El cielo gira* (Mercedes Álvarez, 2004), seguida en tiempos más recientes por *Alcarràs* (Carla Simón, 2022), *As bestas* (Rodrigo Sorogoyen, 2022), *El agua* (Elena López Riera, 2022), *Suro* (Mikel Gurrea, 2022), *20.000 especies de abejas* (Estíbaliz Urresola, 2023) o *Lo que queda de ti* (Gala Gracia, 2025), por citar algunas de las más significativas. En ellas se reconocen de forma palmaria la huella y el espíritu de cintas fundamentales de nuestra cinematografía como *Furtivos*, de José Luis Borau (1975), *La familia de Pascual Duarte*, de Ricardo Franco sobre la obra de Cela (1976), y las adaptaciones de *El camino* (Mariscal, 1962 y Molina, 1977), *Los santos inocentes* (1991) y *Las ratas* (1997), a partir de las novelas homónimas de Miguel Delibes. Cabe preguntarse qué juicio le merecerían al escritor estas novelas y estas películas que recogen el espíritu de las suyas, proyectándolo desde un presente y hacia un futuro mucho más inciertos que los que él conoció y dejó plasmados en sus obras.

Miguel Delibes, de la página a la pantalla: Vigencia y valores universales

JORGE GONZÁLEZ DEL POZO

> "En algún momento empecé a leerte y fue un flechazo. Me fascinaba todo lo que escribías, lo que contabas y cómo lo contabas" (Lola Herrera 222).

> "... es el escritor español actual más llevado al mundo de las imágenes" (Ramón García Domínguez 17).

No vamos a descubrir aquí y ahora la calidad, importancia e impacto de Miguel Delibes, ni su carácter pausado y visionario, ni el impacto que sus textos tuvieron y tienen todavía hoy; mucho se ha escrito ya. Quizá José Andrés Torres Mora resumía sucintamente –aunque siempre nos dejaremos alguna faceta– su versatilidad y presencia a raíz del centenario de su nacimiento: "celebramos uno de los grandes escritores de la segunda mitad del siglo XX y también a un sentido humanista, a un periodista comprometido con una férrea defensa de la justicia social, la libertad de expresión y la solidaridad, y también a un gran defensor del medio rural y la conservación de la naturaleza" (iii). No obstante, la integridad y la ética que exuda de sus novelas se ha trasladado a la pantalla en forma de intensa contención y conmoción causada en el espectador. Este libro colectivo busca precisamente resaltar la potencia de sus textos y el alcance que han tenido más allá de la palabra escrita. Saltando al cine con solvencia formal en cuanto a su representación visual, presencia notablemente inclusiva, altura moral y socialmente comprometida, destacan la sensibilidad emocional penetrante que todavía resuena en el público que se acerca a sus novelas y a las películas que surgen de su obra.

La complicidad y atracción por el cine, desde el respeto y reconocimiento propio de Delibes de no ser más que un aficionado, le llevó con una mirada crítica a desgranar lo que el cine podía deparar a la sociedad. Siempre consciente de proyectar desde su experiencia individual, humildemente, pero extrapolándola al conjunto de la ciudadanía, dedicó buena parte de su tiempo y pensamiento al medio cinematográfico, como su hija, Elisa, comentaba: "En todo caso, mi padre, y a pesar de su contacto continuado con el cine, no se considera un experto, sino un aficionado" (45). El escritor dotaba del valor que se merecen a las manifestaciones artísticas, sin diferenciar entre literatura y cine, a pesar de su condición de literato, algo que pocos coetáneos considerarían tal y como él hizo. Fue un hombre de su tiempo sin dejar de ser único "por eso su literatura encuentra enseguida refugios, complicidades y réplicas en las corrientes narrativas occidentales" (Del Molino 123). A pesar de las resonancias e intertextualidades propias de su tiempo, su palabra suena a verdad, a esa verdad aplastante que se entrega de la mano de la lógica y que Delibes aplica a través de personajes en conflicto, ya sea personal o social. Y es obvio que en su lucha individual destapan problemáticas superiores a su condición para lanzar y entretejer una discusión con su público, textual o visual, al que no permite ser un espectador pasivo sin más, forzándolo a reflexionar acerca de su realidad más o menos inmediata, conectada claramente con su presente y con su futuro como corroboramos a día de hoy.

Esta vigencia de Delibes es lo que este libro quiere enfatizar a través de las adaptaciones al cine, ya Soledad Puértolas lo dejaba meridianamente claro: "Impresiona la lectura de esas páginas escritas hace casi cuarenta años. En ellas, se hacía un resumen de las enfermedades que amenazaban con extenderse por la sociedad y que, en aquel momento, empezaban a mostrarse, aunque sin la virulencia con que se dan en la actualidad. Las preocupaciones que en aquel discurso expresaba Miguel Delibes resumen a la perfección los grandes problemas de nuestro mundo" (i). Si en algo ha sido diferente el vallisoletano universal ha sido en su ánimo y ambición, somera, en su ansia por trascender, sin esparajismos, sin giros o fábulas exageradamente dramáticas, sino desde una normalidad entendida mediante la contextualización de cada historia narrada de tal forma que el sentido común, a pesar de la dureza y dificultad de numerosos pasajes y escenas, impera ante todo. El nivel de compromiso de Delibes con su entorno, tanto directo como indirecto, global y atemporal, lo desarrollaba tratando de que sus historias y el calado de las mismas se propagaran atravesando a las personas que se acercan a ellas todavía hoy, algo que se palpa en las adaptaciones al cine de sus obras.

Las consecuencias de acciones propias y ajenas han sido fundamentales en la bibliografía de Delibes y los filmes que han traducido sus novelas a imágenes se apoyan especialmente en los puntos de inflexión de las tramas, momentos álgidos que dejan marcados a los personajes, y por ende, a los lectores y espectadores, de manera definitiva. Estas piezas adaptadas dejan marcas indelebles en la retina; quién puede olvidar a la milana bonita, ya integrada en el imaginario cultural colectivo por pleno derecho, recalcada por las secuencias que Mario Camus llevara a la pantalla y que genera ecos socio-culturales en el español de a pie, por mencionar uno de los ejemplos más clásicos y provocadores que el lector de este libro puede reconocer fácilmente. Delibes, específicamente preocupado por los asuntos propios de su época como el medio rural, la infancia y el medio ambiente, o la defensa de los desfavorecidos, confirma que el paso del tiempo no ha cambiado a groso modo las cuitas principales; quizá las formas, los diferentes canales e incluso hasta cierto punto se podría discutir si las sensibilidades han evolucionado, pero Delibes ya se centraba en la esencia y en la raíz de los problemas.

La poética serena del campo se trasplanta limpiamente a la pantalla, la belleza y la brutalidad de la naturaleza, tan imponente en la obra de Delibes pasa de ser contexto y ambientación a ser protagonista central, tanto específicamente en las novelas, como convirtiéndose en agente fundamental para el desarrollo de la trama, como el espectro vital de la sociedad, erigiéndose como lo que es, un elemento único y necesario para el desarrollo humano: "En Delibes, la naturaleza no es un adorno de quita y pon, no se resume en una retahíla de anécdotas acaso prescindibles: se trata de una de las claves de su poética, y no precisamente menor" (Gómez Moreno 89). Delibes fue capaz de anticipar 50, 60 o casi 70 años lo que ya es una realidad que ni políticos, ni iniciativas privadas consiguen atajar de manera resolutiva: la ya no tan lenta y progresiva defunción del campo y del mundo rural en una sociedad acelerada, primordialmente urbana y disociada en esencia del origen y ocaso de la vida. Cuando nadie hablaba de despoblación, ni de España vaciada –o vacía–, ni de invierno demográfico, el autor ya denunciaba la fata de oportunidades que devenían en el éxodo del campo a la ciudad y en el consecuente desarraigo. Acentuaba, amargamente, la pérdida de una cultura rural, con sus valores, sus usos, sus costumbres, sus palabras y sus expresiones (cf. Íscar Ordóñez ix). De estas notorias pérdidas, el concepto del desarraigo, opuesto al de la ciudadanía global que tanto impera hoy en día, ya se ponía en valor en las obras de Delibes, quizá mejor captado en la literatura que en el cine, pero sin duda presente en los discursos visuales, incluso los aquí analizados, que muestran personajes fuera de su medio. E incluso dentro de ese medio se muestran atrapados, bien con sus constricciones o bien por el declive del mundo rural y de su contexto; debido al avance de una sociedad implacable que no espera por nada ni por nadie, algo que Delibes supo ver, pero sobre todo denunciar, alzando su voz firme sin aspavientos.

La pasión con la que Delibes abrazó el cine y la narrativa visual le llevó a ser "toda su vida un espectador que iba al cine o al teatro al menos un par de veces por semana, y a quien siempre atrajo ese ambiente de intimidad –la oscuridad, el silencio– que se crea en las salas" (Marchamalo 12). Este entusiasmo por el celuloide y la magia de la imagen proyectada, sin embargo, no provocó que escribiera expresamente para el cine, aunque el atractivo de llevar sus obras a la gran pantalla es innegable e insalvable para la industria cinematográfica nacional que ha lanzado a una buena parte de sus novelas al cine, dentro de la siempre recurrente y culturalmente canónica tendencia del cine español de adaptar grandes obras de la literatura nacional. Su conocimiento y nivel de involucramiento como espectador y crítico fue profundo e incesante, tanto que le erigirá como teórico del cine con el paso del tiempo: "durante más de cuarenta años –desde 1953 hasta 1999–, Delibes publica, de forma esporádica pero continua, una serie de trabajos de prensa, en un ejercicio de teoría cinematográfica admirable" (Gil Albarellos Pérez Pedrero 227). El detalle y la atención que presta a este medio, aunque cierto nivel se pierda en la traslación de sus obras a la pantalla, dota a sus adaptaciones de la presencialidad de su mirada al mundo y los directores que lo han llevado a convertirse en una manifestación cinematográfica no han podido obviar esta cuestión, abrazándola e integrándola en sus obras, como bien aclaraba Luis Mateo Díaz: "Delibes escucha y mira [...] es dueño de una mirada peculiar y compleja del mundo" (244). Más allá del cine como experiencia cultural o de entretenimiento, Delibes entendió el potencial del cine de acercar hasta el espectador otras vidas de una manera condensada e intensa. A Delibes le sedujo el cine, no tanto por sus técnicas narrativas, ni por tanto intentar llevarlas al papel, sino por los mundos que desfilaban por las pantallas del teatro Lope de Vega o del cine Roxy en su Valladolid natal (cf. Alonso de los Ríos 11). De manera más concreta en sus adaptaciones, a la hora de llevar su texto a imágenes, el contraste se centra en el realismo de las historias que dibuja Delibes y que los directores que se zambullen en el autor proyectan. Se trata pues no tanto de un naturalismo, sino que permite que las plasmaciones de sus tramas evoquen la lírica de sus textos en imágenes sostenidas, en paisajes y miradas cuasi estáticas en la pantalla, ofreciendo otra luz que las novelas no disponen, otro pliegue en la representación de su imaginario (cf. Herrero 45). La capacidad que tienen sus textos de integrarse de forma aparentemente natural –oral primordialmente– al cine, se antoja prácticamente prístina, evocando una manera de narrar simple en su forma pero que encierra una complejidad en su rico trasfondo que fuerza al análisis y a la deliberación.

La huella que Delibes deja en los lectores, así como la esencia que rezuma de sus obras, no se ha perdido en la mayoría de las adaptaciones, es más, se ha destilado de los textos para ofrecerla a los espectadores en una versión más compacta, impactante y –si se me permite– solidaria; involucrando así al espectador, buscando que la obra y las temáticas que la cruzan permeen en la parroquia: "... el cine de Miguel Delibes es descaradamente político, es trágico y dramático porque nos desvela –tal y como vemos también en el cine de Michael Haneke– la derrota de la organización social, la soledad del ser humano, la impotencia de resolver el misterio de la vida y de la muerte, la injusticia endémica social y universal, y quizás, quizás, lo único que nos salve de esta sinrazón existencial sea el amor...". (Tolentino 37). El posicionamiento sumamente intencional, político y social de la obra de Delibes está presente en las adaptaciones al cine, es más, muchas de ellas se han convertido en epítomes, e incluso en caballos de batalla, dentro del imaginario colectivo; ilustraciones de la disparidad de clases, de la suma importancia de la democracia y de la participación ciudadana, de la cohesión familiar, de la jubilación y de la muerte, del amor y del dolor por el ser querido, así como de la melancolía por una vida más pura que se escapa a pasos agigantados. La cantidad de obras de Delibes llevadas al cine –o a los escenarios– es amplia y este libro sólo ofrece una muestra:

> Los títulos de Miguel Delibes se suceden mientras se consolida su prestigio entre críticos y lectores [. . .] en 1962, Ana Mariscal adapta para la gran pantalla *El camino*. Sería la primera de una larga y fructífera relación de

Delibes con el cine. A lo largo de los años, nueve de sus obras se converti-rían en películas, algunas de ellas con un enorme éxito: la inolvidable *Los santos inocentes* (1984), dirigida por Mario Camus y por la cual Paco Rabal y Alfredo Landa recibieron en Cannes el Premio de Interpretación Mascu-lina por su trabajo; *La guerra de papá*, adaptación de la novela *El príncipe destronado* que dirigió Antonio Mercero en 1977, con Verónica Forqué, Héctor Alterio, Teresa Gimpera y el niño Lolo García, que encarnó al tra-vieso y divertido Quico; en 1976, *Retrato de familia*, basada en la novela *Mi idolatrado hijo Sisí*, que dirigió Antonio Giménez-Rico, interpretada por Mi-guel Bosé y Mónica Randall; o *El disputado voto del señor Cayo* (1986), tam-bién dirigida por Giménez-Rico, con Lydia Bosch, Iñaki Miramón, Juan Luis Galiardo y, de nuevo, Paco Rabal entre los protagonistas. (Marcha-malo 54-7).

En esta obra presentamos concretamente estudios sobre la adapta-ción de la literatura de Delibes como la de *Cinco horas con Mario* en la pieza "El país de la noche: De *Cinco horas con Mario* a *Función de noche*", de Hilario J. Rodríguez, en la que desmenuza cómo se trasvasa el texto tea-tral a la gran pantalla, su recepción y relación de intertextualidad con otras obras fundamentales del canon nacional, así como el imperdible rol de Lola Herrera dentro y fuera del filme. El artículo de Iván Baena González titulado "Miguel Delibes, realismo literario", analiza *La guerra de papá*, adaptación de la novela *El príncipe destronado*, centrándose en la contextualización histórico-literaria anclada en el realismo y en el com-promiso con su tiempo en el marco sociopolítico del estreno del filme. Juan Laborda Barceló en "Tierra de campos, Castilla universal" se centra en la adaptación de *Las ratas*, de título homónimo en la gran pantalla, en su vigencia y en Castilla como la metáfora de una tierra que se alimenta a sí misma del deseo de cambio, pero que, a la vez, está férreamente su-jeta a la tradición y al tiempo perdido por sus características. También, el artículo de Fernando Marañón, se enfoca en la adaptación cinemato-gráfica de 1964 por la actriz y directora Ana Mariscal, con título "*El ca-*

mino: primera adaptación, último reconocimiento", destacando la fidelidad al texto original y también las conexiones de esta obra con el universo del autor y el descubrimiento del mundo por parte de un personaje cuya infancia está a punto de acabar. Rocío Alés, en su capítulo "¿Negra, profunda y tremendista? *Los santos inocentes* en la gran pantalla: representaciones cuasi ancestrales y contrastes urbanos en una España que abandona sus orígenes rurales", se adentra a través de un análisis multidisciplinar sobre los atavismos al mundo rural español diseccionando el abuso de poder, la incultura y la miseria que Mario Camus retrató en el cine.

El trasvase entre la literatura y el cine, las difusas fronteras entre los dos medios, o cómo se conectan y entrelazan se observa claramente en la obra de Delibes y a través de sus adaptaciones cinematográficas. La modernidad de Delibes rebosaba en todo lo que tocaba, Sergio Del Molino lo ha sabido leer y ver entre líneas y entre planos y así destaca cómo sus novelas son relevantes por la forma, imbricada con el contenido sin ninguna duda: "De *Los santos inocentes* y de *Las ratas* admiraba, mucho más que su trama y sus personajes, el desprecio a las mayúsculas, el empeño en minusculizar un mundo minúsculo, haciendo de las novelas casi un caligrama" (120). El mundo minúsculo del que habla este crítico y autor es el de la gente de a pie, ante los grandes problemas del ser humano, la deliberada ausencia del histrión y del extremo de la que hacía gala Delibes y su sutil forma de presentar de manera normalizada situaciones sumamente graves para buscar la elevación de sus piezas a la categoría de clásicos. Los caligramas a los que alude Del Molino, llevados al cine, se traducen en silencios y en trazos de personalidad, en emociones en un mundo, muchas veces rural, ignoto para buena parte del lector y espectador medio que se convierte casi en poesía visual, en ocasiones más lírica y contemplativa que narrativa, extrayendo las impresiones de aquellos que se acercan a su obra, ya sea en papel horizontal o en lienzo vertical. A pesar de que Delibes no fue un cineasta como tal, su entendimiento y nivel de involucramiento con el medio artístico, representaciones e industria es vital. Comprendió el equilibrio reinante entre la manifestación estética, con mayor o menor mensaje, y el fenómeno de masas que es, con capacidad de transformar al espectador y de modificar tendencias comerciales, como herramienta de uso y divulgación de ideas, ideologías y discursos por parte de individuos, sociedades o incluso estados. Delibes supo ver cómo el cine, en su condición de arte colectivo, va más allá del creador para recalar en el espectador y en el impacto de la obra, como él mismo decía: "El cine constituye hoy el arma de mayor y más directa influencia sobre las multitudes [. . .] Como vehículo espiritual y aun como inversión económica a largo plazo, consideramos, pues, que el cinematógrafo merece una atención minuciosa y una positiva ayuda por parte de las autoridades . . ." (304). Salvando las distancias del tiempo, la evolución social o la proliferación de otras formas de entretenimiento, Delibes abrazó el cine, respetándolo y manteniéndose al margen con suficiente distancia, pero se acercó a él hasta tal punto que ha dejado un legado de adaptaciones de sus obras que no tiene comparación en las letras o en el medio audiovisual nacional, como reza el acápite que abre esta introducción.

No se puede abarcar todo Delibes y, más que ausencias o carencias en este libro, esta amplitud inabarcable en su obra propicia fundamentalmente una celebración que abrazamos con gusto. Dentro del horizonte de su obra, la honestidad con la que habla Delibes se extrapola al cine y las diferentes secciones que componen este libro claramente ensalzan y aclaran ese viso en las adaptaciones al filme de sus novelas. La verdad que muchos de los críticos otorgan al discurso de Delibes cada vez se presenta más sublimada en la gran pantalla y va relegándose a un status casi mítico, a una suerte de quimera en la recreación de valores fundacionales del ser humano, especialmente en estos tiempos contemporáneos que confirman los peores presagios y vaticinios del escritor castellano. Dentro de esta deriva de involución de la sociedad hacia una desconexión con la tierra, la conexión humana se vuelve cada vez más necesaria; esta autenticidad que emerge de los textos de Delibes se plasma en la imagen, en estas películas. Paradójicamente, este destilado de la esencia vital que despliega Delibes la hace cada vez más escurridiza, a la par que anhelada. Los elementos existenciales de humildad e integridad que transpiran sus personajes en una especie de *locus amoenus* fosilizado e irreal ya, tan perverso como amable en una cambiante condición tragicómica y realista se escapan en la vida cotidiana de este siglo XXI, aunque estos parámetros y asideros sean más necesarios que nunca. De ahí la vigencia de Delibes que trae al debate y a la conversación pública valores sumamente necesarios que se están difuminando entre la vorágine de estímulos actual.

La universalidad de Delibes, sumada a la del cine, retrata y asombra ya que el autor consiguió en repetidas ocasiones entroncar con su tiempo desde fuera de él; escribía desde una capital de provincias de un país segundón y casi aislado de las corrientes intelectuales de Europa: "No quemó París ni se emborrachó en Nueva York: supo ser moderno desde la periferia de la periferia" (Del Molino 123). Ese saber estar, característico y prácticamente arquetípico castellano, se manifiesta conocedor de cómo habitar la periferia de la periferia con total tranquilidad, sintiéndose cómodo en los márgenes y sin la necesidad de reconocimientos ni fanfarria. Delibes, consciente de la limitación del individuo en la panorámica espacio-temporal se manifestó a través de las letras y se congració con el cine, en una suerte de dualidad que conecta la importancia de lo personal y del detalle del día a día con las preocupaciones generales, colectivas y vitales, sin dejar de comprender la perspectiva de la existencia humana particular que nada puede modificar drásticamente por sí misma en exclusividad. Hablar de la cultura, de su compromiso con el arte y su divulgación, entendidos como reflejo de la realidad y con un espíritu conciliador y de responsabilidad para sus congéneres, ha sido una constante en la obra de Delibes, siempre alertando y denunciando lo que él consideraba injusto. Esta verdad ha quedado demostrada con creces con el paso del tiempo, dotando a la cultura –bien en el cine o bien en la literatura– de un poso y de una proyección tan implicada con su contexto como cercana y tolerante, defensora de valores atemporales: "Delibes es un autor plenamente vigente, no sólo porque se le sigue leyendo en abundancia, sino porque las grandes cuestiones que le agitaban forman parte de trascendentales debates que están abiertos hoy en la sociedad, como es la situación de la Castilla rural y de sus gentes, que con tanta desesperanza describiera anticipándose a ese concepto de la España vaciada tan presente; y también su preocupación por el deterioro de la naturaleza" (Puente Santiago vii). La vigencia de este autor, impulsora de este libro, entronca directamente con problemas de rabiosa actualidad como son el retiro, el descanso y la jubilación; el estado y la salud mental, aunque no explícitamente, sí como planteamiento que requiere de un encaje en sociedad del que todavía no goza; o la atención a los marginados y a los descastados, incluso cuando no lo parecen. Esta vigencia de Delibes se halla en su escritura honesta pero incisiva, llevada a la pantalla en una traslación de carácter noble y buscando que la trama sea concreta y aglutine matices, con un tono local y cercano, pero lo suficientemente abierto para ser entendido por cualquiera que se acerque a su obra o a las adaptaciones de sus novelas desde cualquier punto del globo, para así traspasar las barreras de su tiempo y de su amada región castellana.

Bibliografía

Alonso de los Ríos, César. "El espectador Delibes". En *Miguel Delibes: La imagen escrita*. García Domínguez, Ramón, ed. Valladolid: Semana Internacional de Cine de Valladolid, 1993. 11-4.

Delibes, Elisa. "Mi padre y el cine". En *Más allá de las novelas. Delibes, el cine y el teatro*. Madrid: Comunidad de Madrid, 2021. 43-48.

Delibes, Miguel. "Escritos sobre el cine". En *Miguel Delibes: La imagen escrita*. García Domínguez, Ramón, ed. Valladolid: Semana Internacional de Cine de Valladolid, 1993. 257-360.

García Domínguez, Ramón. "Historia de una fascinación". En *Miguel Delibes: La imagen escrita*. García Domínguez, Ramón, ed. Valladolid: Semana Internacional de Cine de Valladolid, 1993. 19-60.

—. "Introducción". En *Miguel Delibes: La imagen escrita*. García Domínguez, Ramón, ed. Valladolid: Semana Internacional de Cine de Valladolid, 1993. 15-18.

Gil Albarellos Pérez-Pedrero, Susana. "El cine y yo. La mirada crítica de Miguel Delibes". En "La escritura plural de Miguel Delibes". *Archiletras. Revista de Investigación de Lengua y Letras*. Vol. 1. Verano, 2021. 227-42.

Gómez Moreno, Ángel. "Miguel Delibes o el cuidado de la edición". En "La escritura plural de Miguel Delibes". *Archiletras. Revista de Investigación de Lengua y Letras*. Vol. 1. Verano, 2021. 79-90.

Herrera, Lola. "Recordándote". En *Delibes*. Valladolid: Fundación Miguel Delibes, 2020. 222.

Herrero, Fernando. "Las otras vidas de Miguel Delibes". En *Más allá de las novelas. Delibes, el cine y el teatro*. Madrid: Comunidad de Madrid, 2021. 49-59.

Íscar Ordóñez, Conrado. En VVAA. *Delibes*. Valladolid: Fundación Miguel Delibes, 2020. ix.

Marchamalo, Jesús. "El camino del escritor". En *Delibes*. Valladolid: Fundación Miguel Delibes, 2020. 21-64.

—. "Cinco horas con Mario y dos con Orson Welles". En *Más allá de las novelas. Delibes, el cine y el teatro*. Madrid: Comunidad de Madrid, 2021. 13-32.

Mateo Díez, Luis. "Un día en la obra de Miguel Delibes". En *Delibes*. Valladolid: Fundación Miguel Delibes, 2020. 237-261.

Del Molino, Sergio. "La modernidad de Delibes, el último castellano libre". En *Delibes*. Valladolid: Fundación Miguel Delibes, 2020. 117-36.

Puente Santiago, Oscar. En VVAA. *Delibes*. Valladolid: Fundación Miguel Delibes, 2020. vii.

Puértolas, Soledad. VVAA. *Delibes*. Valladolid: Fundación Miguel Delibes, 2020. i.

Tolentino, Javier. "La sinfonía fílmica de Miguel Delibes". En *Más allá de las novelas. Delibes, el cine y el teatro*. Madrid: Comunidad de Madrid, 2021. 33-42.

Torres Mora, José Andrés. VVAA. *Delibes*. Valladolid: Fundación Miguel Delibes, 2020. ii-iii.

El país de la noche De Cinco horas con Mario a Función de noche

> Amamos el lugar que odiamos
> y lo abandonamos
> y luego nos pasamos toda la vida
> intentando recuperarlo.
>
> Acércate ahora
> y contempla tus sueños,
> acércate ahora
> y contempla los míos.
>
> TerenceDavies[1]

Más allá de que sea un asunto de imágenes, el cine también es un asunto de voces. En él, todo el mundo habla, todo el mundo quiere hablar. Charles Chaplin hasta en sus películas mudas nos recordaba que el mundo seguía siendo nuestro aunque ya no lo pareciese; nos

---

[1] Al comienzo de *Of Time and the City* (2008), mientras la hipnótica voz de Terence Davies va abriéndose camino entre las butacas de un cine en su camino hacia la pantalla, como si una máquina del tiempo se hubiese puesto en funcionamiento, estos versos que reproduzco nos advierten de que cualquier viaje al pasado, como el que las imágenes del documental están a punto de hacer con la ciudad de Liverpool, es una combinación de dolor y esperanza, el dolor de una antigua herida y la esperanza de cicatrizarla definitivamente. Quiero creer que algo así intentó hacer Miguel Delibes con *Cinco horas con Mario*: intentar que la herida de España, tras la Guerra Civil, cicatrizase y que lo hiciera sin renunciar ni a lo bueno ni a lo malo, ni al escarnio del pasado ni a la impotencia del presente, por si el futuro está en algún punto entre esos dos extremos. Y quiero creer asimismo que *Función de noche* (Josefina Molina, 1981) intentó ser una terapia parecida, primero para Lola Herrera y Daniel Dicenta, y luego para los espectadores, para todos nosotros, los que ya vivimos en el futuro de sus imágenes.

instaba a oponernos, a preferir no hacerlo, a decir "no". Cada primer plano suyo era, es y será una palabra; cada plano general, una oración. Y cada voz, del cine sonoro en adelante, pertenecía/pertenece/pertenecerá a un actor o una actriz. A veces, sin embargo, no conocemos a quienes nos hablan por muy familiares que nos suenen, porque no acabamos de adjudicarles una identidad. Eso nos sucede, sin ir más lejos, cuando vemos una película extranjera doblada. El actor y su voz no se corresponden exactamente, pero para nosotros se convierten en uno solo y no en dos. Conocemos la identidad visual de los actores e ignoramos su identidad verbal, a quiénes pertenecen sus voces. Sabíais, sin ir más lejos, que la voz de Freddy Krueger en las películas de la serie *Pesadilla en Elm Street* era la de Daniel Dicenta. ¿Los conocéis? Freddy fue la voz de la pesadilla adolescente de los ochenta y los noventa; ¿podríamos decir entonces que la voz de Daniel Dicenta también fue la voz de la pesadilla adolescente de los ochenta y los noventa? ¿O acaso él había sido la voz de una pesadilla anterior? La ecuación no resulta fácil. De Daniel Dicenta ya casi no sabemos nada, a no ser que nos acordemos de que en la década de los sesenta estuvo casado con la actriz Lola Herrera. Entonces sí. Entonces quizás sí. ¿Quién no conoce a la grandísima Lola Herrera? Daniel Dicenta murió hace casi diez años y Lola Herrera todavía está viva y sigue en activo. De él, salvo a quienes sepan identificarlo a través del doblaje del actor Robert Englund al castellano, pocos se acordarán; de ella no resulta tan difícil porque nunca ha dejado de trabajar de cara al público, sobre todo en teatro, interpretando personajes como el de Carmen en *Cinco horas con Mario* desde hace más de cuarenta años.

Cinco horas con Mario es una novela que podría situarse en la segunda fase de la carrera de Miguel Delibes, después de renunciar a la dirección del periódico *El Norte de Castilla* e irse seis meses como profesor visitante a Estados Unidos. Se estructura como un monólogo y pone de manifiesto, una vez más, el extraordinario oído del escritor vallisoletano para proporcionar voz a aquello que hasta entonces no la había tenido en la literatura española. La suya es una obra de afirmación de la naturaleza, de las plantas, los animales, los caminos y quienes los atraviesan; de afirmación de los pequeños pueblos, las diminutas comunidades, del habla a punto de extinguirse y los modismos, de los estilos de vida que se disipan sin dejar rastros visibles tras de sí. Es una obra que da voz a lo que no la tiene. ¿Hay novelas suyas sin diálogos, monólogos o soliloquios? ¿Recordáis algún personaje suyo a quien no se le oiga decir algo? En *Cinco horas con Mario*, sin embargo, no se trata de un niño, un campesino o un jubilado, presencias habituales en sus libros desde el comienzo hasta el final de su carrera literaria. Aquí se trata de la voz de una mujer, una burguesa que vela el cadáver de su marido y que pone de manifiesto poco a poco qué hay más allá de su dolor y su pena: las limitaciones de su intelecto, su carácter obsesivo, su grandísima vanidad, su alarmante clasismo y su tendencia a exagerar las cosas, a deformar la realidad, a mentir, seguramente incluso a mentirse. No es un personaje redondo, definitivo, es una contradicción andante, por muy segura que parezca estar de sí misma. Su voz posee algo lastimero, una soledad visceral que impide juzgarla, como si, en lugar de ser su propia voz, fuera la voz de España, la de varias generaciones que, consciente o inconscientemente, se convirtieron en cómplices del régimen franquista, diciendo sí por decir algo, porque de lo contrario quedarían en silencio para la eternidad. Y me gustaría dejar claro que digo cómplices a sabiendas de que muy bien podría decir víctimas. Delibes, al referirse a la protagonista de su novela, aseguraba que "si hay mujeres así en España, es porque seguramente los hombres han contribuido a su construcción, a su particular y pernicioso diseño"[2].

No es algo que se dé muy a menudo con los clásicos pero, en el caso de *Cinco horas con Mario*, podría decirse que es una novela inmortal para la literatura española que ha conocido una reescritura continua, de resultados bastante positivos. Su trasvase a los escenarios teatrales, en una versión convenientemente abreviada, aligeró ciertas reiteraciones, borró algunos momentos que podían desaparecer sin hacer que el texto se resintiese, unificó la dispersión del monólogo y consiguió hacer más

---

[2]   Estas declaraciones están extraídas de Delibes, Miguel, and Pilar Concejo. "Entrevista Con Miguel Delibes", *Anales de La Narrativa Española Contemporánea*, vol. 5, Society of Spanish & Spanish-American Studies, Filadelfia,1980.

visible al personaje de Carmen. Sin embargo, la transformación más importante se dio cuando ya la novela se había transformado en un texto teatral y Lola Herrera se había hecho cargo de la interpretación del personaje principal, al convertirse en una película documental, *Función de noche*, sobre el eco de un texto y su proyección en una pareja de divorciados durante el franquismo que ya en la Transición aún no habían conseguido articular cuáles habían sido las causas de su fracaso matrimonial. Por una parte, el texto teatral se transformó al asumirlo Lola Herrera porque ella no se dejó colonizar por él y le proporcionó una buena parte de sus propias inseguridades, enriqueciéndolo y proporcionándole de ese modo la ambigüedad que en la novela de Miguel Delibes se traducía en comicidad, burla. Por otra, la mirada cinematográfica, improvisada en la mayor parte del metraje, deformó la estructura novelesca y teatral, hasta convertir el resultado final en un extraño cruce entre una película de Ingmar Bergman[3] y un *reality show*, más real que ficticio, menos consciente de que alguien lo iba a ver de lo que sucedería con una película de Bergman (que las hizo para que se viesen y escuchasen) o con un *reality* (hecho en muchos casos exclusivamente por y para el público, y no por y para quienes intervienen en él).

Cuando comenzó a escribir la novela en su primer borrador, Delibes mantuvo a Mario con vida, pero enseguida se dio cuenta de que con sus ideas liberales difícilmente superaría las limitaciones de la censura. Fue eso lo que le animó a ser más sutil, matando al personaje desde el comienzo y difuminando sus ideas a través de Carmen, su mujer, que es

---

[3]   Cuando Ingmar Bergman ya había conquistado al público con sus películas de los años cincuenta y sesenta y parecía muy difícil que pudiese dar un giro a su carrera y sorprender a sus fans, dirigió una mini serie para televisión que fue, de hecho, una de sus obras más influyentes: *Secretos de un matrimonio* (*Scener ur ett äktenskap*, 1973). En ella, durante casi cinco horas, vemos a Liv Ullmann y Erland Josephson interpretar a un matrimonio que se separa y a lo largo de muchos encuentros a lo largo de los años posteriores intenta entender cuál fue el motivo de su fracaso, sin encontrarlo nunca, prolongando una conversación en el tiempo como si fuese infinita y haciendo que en cada uno de sus acercamientos la distancia que los separa sea mayor.

su primera censora. Gracias a ella, de hecho, se produce un ejercicio de amortiguación de las ideas de él, porque ella las cuestiona casi siempre y porque, al fin y al cabo, él es un hombre muerto que poco daño puede causar. Aun así, Delibes envió una copia a José Vergés de Ediciones Destino y otra a un amigo censor para que éste hiciera un informe con el cual, de ser positivo, quedase descartada cualquier sorpresa posterior. Pese a la supresión de la censura previa gracias a la Ley de Prensa e Imprenta de 1966, Delibes temía un secuestro del libro, una amenaza con la que ya se había enfrentado a lo largo de su carrera en varias ocasiones y que le persiguió hasta 1973, cuando publicó *El príncipe destronado*. Ni siquiera mitigó su miedo la astucia compositiva de *Cinco horas con Mario*, carente de un argumento ortodoxo, con presentación, nudo y desenlace; sin intriga o progresión psicológica de cualquiera de los personajes, ni siquiera de Carmen; con saltos temporales propios de quien no domina ni el tiempo, ni la lógica del discurso, ni la coherencia estructural de una historia, ni un objetivo hacia el cual dirigir un relato; y oscilante entre el drama y la comedia, bajo una mirada siempre irónica. El escritor vallisoletano sabía que hasta la censura evolucionaba y sofisticaba sus apremios y presiones, que leía entre líneas y se adecuaba a todas las renovaciones; por eso él no quería bajar la guardia.

En el libro, escuchamos y leemos a Carmen con creciente desagrado, aunque también con la sensación de estar escuchándonos en parte a nosotros mismos a través de nuestros abuelos o padres, con opiniones que a menudo censuramos en los demás y justificamos cuando somos nosotros o los nuestros quienes las esgrimimos para juzgar la realidad: "El mundo necesita autoridad y mano dura" o "Para que el mundo marche, disciplina cuartelera". Típicos argumentos de quien no tiene armas intelectuales para enfrentarse con los aspectos más complejos de la existencia o de burgueses que con cada cambio social temen perder los privilegios que tienen. Se trata de observaciones que podría hacer cualquiera que no sea capaz de darse cuenta de que los problemas sociales requieren soluciones y no una goma de borrar, una mordaza o un dedo acusador dirigido hacia los pobres, la clase obrera, los jóvenes o los inmigrantes. Carmen, en el fondo, éramos/somos todos. Ella fue una cobaya más, un producto de un tiempo sin piedad, de un tiempo de pobreza intelectual y miedo, de medias verdades y muchas mentiras, un tiempo de frustración, ofuscación y rabia. Así era todo el país. Incluso quienes alardeaban de tener una postura crítica hacia el régimen franquista, no hacían nada, salvo hablar y hablar, de manera clandestina, con la boca chica, sin ser oídos. Mario, por ejemplo. Quienes creyeron, acaso ingenuamente, que había un buen número de novelistas o poetas embarcados en proyectos contra la Dictadura, que saldrían a la luz en cuanto muriese Francisco Franco, se equivocaron. Franco murió y no sucedió nada. Nadie presentó en ninguna editorial la obra definitiva escrita en soledad, mientras los años, los lustros y las décadas se habían ido oxidando y la herrumbre había cubierto el tiempo. El país había pasado casi cuarenta años en el limbo.

Los medios de comunicación, en especial la televisión, la radio y la prensa, suelen ser las fuentes más fiables para obtener noticias sobre la realidad más inmediata y la realidad global. Dan voz a cuanto nos rodea.

Eso, no obstante, admite ciertos matices y recelos. Ahora mismo, sin ir más lejos, en una época de *memes*, imágenes falsas generadas por inteligencia artificial y *fake news* ya no resulta fácil saber cuándo tomarse algo en serio o en broma, dónde hallar credibilidad informativa. Durante la dictadura franquista también sucedía eso. Sobre las noticias había siempre una especie de escenificación, para hacerlas entender sólo en parte y para desviarlas hacia versiones más tolerables de todo. Fue entonces cuando la literatura y las artes se convirtieron en los verdaderos medios de comunicación, en las voces de la realidad. Luis Martín Santos, Juan Goytisolo y Juan Benet proporcionaron esa voz por una vía experimental de rasgos modernistas, no apta para todos los públicos, sólo para los iniciados y los intelectuales; Miguel Delibes, en ese sentido, prefirió no alejarse demasiado del realismo y del público en general, aunque el carácter introspectivo de muchas de sus novelas, narradas en primera persona, le proporcione cierto subjetivismo a su voz. Mientras los primeros iniciaban una carrera literaria en la que la literatura buscaba su propio camino, este último prefirió no ir en solitario, dialogando con la vanguardia pero sin dejar nunca de lado la tradición. Por así decirlo, Delibes maduró en paralelo a otras artes, como el cine o el teatro, de ahí que muchas de sus novelas fuesen y sigan siendo adaptadas, a veces con leves cambios porque su forma se adapta perfectamente a contextos radiofónicos, televisivos, cinematográficos o teatrales.

Lo que sucedió con *Cinco horas con Mario* desde su publicación en 1966 fue una suerte de consolidación de los retratos femeninos que habían comenzado a ganar importancia en la literatura española desde *Nada*, de Carmen Laforet, en 1945. Me refiero a los retratos directos e indirectos que continuaron la tradición ya fijada en el siglo XIX por *Pepita Jiménez*, de Juan Valera, *Fortunata y Jacinta*, de Benito Pérez Galdós, muchos cuentos y algunas novelas de Emilia Pardo Bazán, y *La Regenta*, de Leopoldo Alas Clarín. Me refiero a *Nada* y asimismo a parte de la obra de Concha Espina, Ana María Matute y Carmen Martín Gaite. Y, por supuesto, me refiero a otro monólogo magistral protagonizado por una mujer pero, como *Cinco horas con Mario*, escrito por un hombre: *La vida perra de Juanita Narboni*, de Ángel Vázquez. Todo esto para decir que la obra de Miguel Delibes no surge de ninguna parte sino de una tradición que se había afianzado en el siglo XIX y que luego tuvo que esperar toda la primera mitad del siglo XX para regresar, y que, más que en el retrato femenino, hace hincapié en la voz femenina. Y, más que en el diálogo, hace hincapié en el monólogo, dando a entender así que la verdadera esencia de la voz femenina aflora en soledad y no en compañía. Mujeres como Carmen en *Cinco horas con Mario* sólo parecen hablar con libertad cuando se hablan a sí mismas y no cuando les hablan a los demás, a no ser que se trate de muertos.

Josefina Molina, que fue la primera directora con la que trabajó Lola Herrera en la escenificación teatral de la novela de Miguel Delibes, se asombró al comprobar el efecto que la obra y sus representaciones tenía en la actriz. Uno o dos meses después de comenzar las funciones, Lola Herrera se desmayó en mitad de una. Poco a poco, el texto había ido removiendo cosas en su interior, se había convertido en una especie de espejo que la hizo verse, proyectarse en el personaje de Carmen Sotillo. "Hacer de Carmen Sotillo es hacer un poco de Lola Herrera", oímos al poco de comenzar *Función de noche*, el valiente documental que Josefina Molina les propuso hacer a Lola Herrera y Daniel Dicenta para que ambos exorcizasen los demonios que arrastraban desde su matrimonio y posterior divorcio. Los paralelismos entre estos últimos y los personajes de *Cinco horas con Mario* son asombrosos, pero por encima de todo son muy dolorosos. De la misma forma que ella tuvo que ser hospitalizada después de desmayarse en escena, seguramente superada al escuchar en la voz del personaje a quien interpretaba noche tras noche su propia voz, tanto ella como Daniel Dicenta tuvieron que ser atendidos por los miembros del rodaje de *Función de noche* cuando la película los colocó en una realidad que habían creado tiempo atrás y para la que carecían de palabras o explicaciones, una realidad que había superado a ambos, a ella por sus miedos e inseguridades en materia sexual y a él por los celos que le provocaba la cada vez más asentada carrera de Lola Herrera y por su incompetencia para hacerse cargo de su papel de padre de dos hijos a quienes luego no dudó en abandonar. A pesar de lo dicho, no se trata de la buena y el malo; son dos víctimas, cada cual a su manera.

Tal como los escuchamos hablar, no obstante, las diferencias entre ambos son obvias. Si la voz de Daniel Dicenta es grave, poderosa y algo canalla, la voz de Lola Herrera es suave, clara e hipnótica. La de él nos llama la atención pero no nos atrapa, enseguida la dejamos de lado como quien se aparta de un beodo; la de ella, por el contrario, nos acoge y protege, con el golpe de efecto de una madre: entre la ternura y la determinación. Él, no lo olvidemos, fue Freddy Krueger, además de los personajes cinematográficos y teatrales que interpretó, de los cuales hoy ya casi nadie se acuerda; y ella también fue muchas cosas, entre otras la voz de Liv Ullmann en *Gritos y susurros* (*Viskningar och rop*, 1972, Ingmar Bergman), aunque sólo haya una que la haga inconfundible: la de Carmen en *Cinco horas con Mario*. Más que un actor y una actriz, parecen dos voces. A él no necesitamos verlo para que haga su trabajo interpretativo, doblando al actor Robert Englund cuando encarna al personaje de Freddy

Krueger; a ella, a quien vemos casi inmóvil durante casi dos horas de función encima de un escenario desnudo, al lado del féretro donde yace muerto su marido, la oímos. Según parece, Daniel Dicenta era una gran promesa porque triunfó pronto en el teatro, y el cine y la televisión parecían escalones que muy pronto ascendería; y Lola Herrera comenzó de segundona, después de ver malograda su carrera como cantante radiofónica, de salvar su voz del naufragio y de convertirse en adelante en la verdadera "autora" de *Cinco horas con Mario* en su versión teatral, que desde su estreno el 29 de noviembre de 1979 en el Teatro Marquina de Madrid y hasta el año pasado, en que se despidió oficialmente del personaje, han convertido a la actriz en un ser inmortal, como el personaje. Por extraño que parezca, ni por el personaje ni por la actriz parecen haber discurrido cincuenta y cuarenta años de vida real respectivamente, en los que poco han importado los cambios faciales y corporales de Lola Herrera, entre sus 44 años y los 87 que tenía en 2022, cuando anunció su última interpretación de Carmen en la obra de Miguel Delibes. Las dos, personaje y actriz, parecen haber sido capaces de crecer juntas y de adecuarse a los cambios operados en la sociedad a lo largo de los años en que se han sucedido las representaciones de *Cinco horas con Mario*.

Jugando con el trabajo de Daniel Dicenta y Lola Herrera como dobladores, no puedo resistirme a presionar sobre la coincidencia entre el personaje de Freddy Krueger en *Pesadilla en Elm Street* que interpretó él y en el personaje de Liv Ullmann en la emblemática película de Ingmar Bergman *Gritos y susurros* que ella interpretó en la versión española. El terror adolescente en un proceso introspectivo durante los años ochenta y el giro de la carrera de Ingmar Bergman hacia la televisión, que afectó a sus películas desde principios de los setenta en adelante, más manieristas, dialécticas, histriónicas y saturadas, también más desesperadas, como si finalmente el maestro sueco estuviese rindiéndose ante la evidencia de que la incomprensión mutua es irresoluble entre los seres humanos. Freddy era una especie de ejercicio de psicoanálisis para los adolescentes de los ochenta y al mismo tiempo un ejercicio de psicoanálisis para los *peterpanes* de la cultura española, entre los cuales destacaba Daniel Dicenta. Peter Pan e Ingmar Bergman en sesión continua. El hombre a quien domina la aflicción y la mujer que resiste todo el dolor del mundo. El intelectual muerto y la petarda que lo vela. Todo esto es *Cinco horas con Mario*. Todo esto fueron Daniel Dicenta y Lola Herrera seguramente en la vida real, mientras estuvieron casados, y luego, cuando decidieron participar en la película documental de Josefina Molina, donde se interpretaron a sí mismos, en un diálogo imposible para entender qué les había sucedido durante su matrimonio, que acabó en divorcio a los siete años, con ella obligada a hacerse cargo en adelante de los dos hijos que habían tenido.

La novela de Miguel Delibes describe a una mujer superada por la muerte de su marido, hasta irse quedando sola progresivamente tras el velatorio y así tomar ella la palabra. En cuanto comienza a hablar, a través de sus palabras comienzan a salir a flote los miedos del Régimen y sus adeptos durante la segunda mitad de los años sesenta, cuando las nuevas generaciones ya no obedecían, cuando la música (el rock & roll, el pop o la psicodelia) comenzaba a sonarle histriónica a las personas mayores y cuando el desarrollo económico y el aperturismo turístico comenzaron a vaciar la España interior, la de los pueblos y las santas tradiciones, la del respeto a los padres, el silencio ante la autoridad y la Semana Santa. Por la boca de Carmen pasan estos asuntos, más otros que son pequeñas venganzas hacia su marido, a quien nunca podrá perdonarle, sin ir más lejos, no haberla dejado comprar un coche. Mario era moderno desde un punto de vista ideológico pero el lujo no le interesaba. Él era un hombre de ideas, influido por lo que oía proveniente del resto de Europa, no tanto en forma de mejoras tecnológicas sino en forma de mejores sociales; no era hombre ávido de cosas sino de ideas. Eso, precisamente, era lo que lo distanciaba de Carmen, a quien los "sabiondos" no le gustaban ni le gustan nada. A ella lo que le va es la autoridad, cuanto más fuerte, mejor; a él le iba más el socialismo moderado, la lucha de clases, la justicia humana y la igualdad (aunque todos esos conceptos los experimentase de una forma un poco conflictiva y contradictoria). Imaginarlos juntos, a Carmen y a su marido, acarrea múltiples preguntas propuestas por la perplejidad, aunque todos sabemos de sobra lo misteriosos que pueden ser los caminos que conducen al amor.

Bastantes cineastas españoles a partir de los años setenta y comienzos de los ochenta se interesaron por dar voz a las capas de la sociedad española que nunca antes la habían tenido, más allá de los campesinos y la clase trabajadora de la que ya se habían ocupado los cineastas con influencias neorrealistas, como Luis García Berlanga, Manuel Mur Oti o Fernando Fernán Gomez. Ahora el foco de atención se iba a dirigir hacia otro tipo de marginalidades, que convirtieron los años setenta en un filón para los documentales. Por poner un par de ejemplos: Basilio Martín Patino registró las voces de cuatro verdugos reales en *Queridísimos verdugos* (1977), Ventura Pons la de un travesti en *Ocaña, un retrat intermitent* (1978) y Gonzalo Herralde la de *El asesino de Pedralbes* (1979). No eran ni campesinos ni clase trabajadora, tampoco exiliados ni presos políticos, tan sólo miembros de la España negra, oficial y extraoficialmente. Los hijos repudiados. Formaban parte de lo que el Régimen no había querido que la sociedad viese de sí misma y al mismo tiempo formaban parte de lo que la propia sociedad se negaba a aceptar de sí misma. No eran la luz, eran la sombra. Podían considerarse monstruos perfectos: verdugos, maricas y asesinos. Ernest Hemingway, no obstante, nos habría dicho que eran la punta del iceberg, bajo la superficie había muchos más grupos de marginados y silenciados: niños, jóvenes, mujeres y viejos. Eso por no hablar de los miembros de ETA, que en poco tiempo dejaron de ser opositores al Régimen y se convirtieron en terroristas; de los miembros de la diáspora de los vencidos tras la Guerra Civil; de los topos que sobrevivieron a la Dictadura en zulos o embutidos entre falsas paredes, y tantos otros. Durante décadas el cine oficial había concentrado sus cámaras en los conformistas, como Carmen en *Cinco horas con Mario*.

Uno de los antecedentes más obvios de *Función de noche* fue *El desencanto* (1976, Jaime Chávarri). Apareció un año después de la muerte de Franco y, vista hoy en día, parece increíble que sorteara la censura que por aquel entonces aún imperaba en la sociedad española. Era un desnudo integral de los miembros vivos de la familia Panero: la viuda y sus tres hijos. Ella convertida en un cubo de la basura y ellos en tres perros rabiosos que ladran cada cual por un motivo. La película no sólo era el retrato de una familia disfuncional, también era el retrato de una mujer que había vivido con cierto servilismo primero hacia su esposo, poeta del Régimen, y luego hacia sus hijos, dos de ellos poetas asimismo. Daba la sensación de que la poesía y la cultura en general hubiesen sido los instrumentos más opresivos con los que se habían enfrentado las mujeres durante la dictadura franquista. Algo así se puede encontrar en *Función de noche* cuando Lola Herrera le reprocha a Daniel Dicenta que él jamás hubiera compartido con ella sus lecturas, conocimientos e ideas, como si la despreciase. También sucede en *Cinco horas con Mario*, cuyo personaje principal es la parte ignorante y no instruida de un matrimonio en el que el hombre y la mujer no están llamados a converger y compartirlo todo, más bien están condenados a ir cada cual por su lado. Poetas y esposas, madres e hijos, parejas divorciadas, matrimonios literarios, actores y actrices... Unos y otros, ellos y ellas, parecían vivir en universos paralelos, encerrados en sus propios miedos. Lo que había propiciado el desmayo de Lola Herrera en escena, mientras interpretaba a Carmen Sotillo, es el descubrimiento de que en el fondo ella misma, Lola Herrera, era Carmen Sotillo. Un personaje a quien la actriz vallisoletana siempre ha calificado de "petarda", a quien nunca tuvo la necesidad de interpretar del todo, por completo, porque una buena parte de ese personaje se le parecía, era su reflejo.

Daniel Dicenta procedía de una familia con raigambre en el mundo del teatro y la literatura. Su abuelo había sido un dramaturgo importante y su padre un actor respetado. Lola Herrera, sin embargo, carecía de todo. Su familia era proletaria, de una ciudad de provincias, con poca cultura y menos dinero; en ella, nadie era famoso. Puede decirse que a él las cosas al principio le resultaron fáciles, aunque muy pronto el alcohol y su altanería iban a ponérselo difícil; a ella, por el contrario, le tocó trabajar sin descanso e ir cambiando de rumbo a medida que encontraba obstáculos, pero con el tiempo su profesionalidad fue abriéndole puertas y facilitando que nunca le faltasen papeles que interpretar. Él era el hombre que iba y venía, su enorme talento le zarandeaba cuando se pasaba de copas y se levantaba con resaca, cuando se enfurecía con sus compañeros de reparto y le salían sus malos humos; trabajaba por rachas, como un ave fénix, muriendo y resurgiendo de sus cenizas, hasta que sus oportunidades fueron difuminándose y le tocó malvivir en una pensión, lleno de deudas y con miedo a que le viesen en actos de sociedad por su mala apariencia tras años de alcoholismo. En la película de Josefina Molina lo vemos beber sin reparo, en una pendiente de la que ya no se salvaría, pese a los papeles que le proporcionó Pilar Miró en algunas de sus películas. A Lola Herrera, por su parte, la vemos en el trabajo, preparándose para la función de noche de *Cinco horas con Mario*, sin malos hábitos y con una gran inseguridad, que palía paseando con una amiga, pensando en sus hijos y visitando a una tarotista, en busca de un futuro imposible de imaginar. Es una gran actriz, una trabajadora eficiente y capaz, una madre ejemplar y una amiga de sus amigas.

En lo concerniente a *Cinco horas con Mario*, los paralelismos, similitudes y divergencias comienzan cuando se percibe que todo lo que no es Mario, lo es Carmen. Él ha callado definitivamente y su mujer comienza a hablar. La voz de ella es la de un ser disminuido pero también es la de una marcada resistencia contra el infortunio, es la voz de la ingenuidad y de la ruindad, de la complicidad y de cierta cobardía, la voz de quien siempre ha tenido que conformarse (su marido nunca quiso comprarle un coche) hasta que un día dijo basta (y le fue infiel con un amigo de ambos porque tenía el coche que ella tanto deseaba y no había podido tener; y definamos su adulterio ante todo como una venganza). Es curioso, no obstante, que a un personaje condenado a la ruindad, la voz de Lola Herrera consiga proporcionarle la ambigüedad necesaria para que no se quede sólo en lo malo, para que sea verdugo y víctima, miserable e ingenua, déspota y desvalida... Daniel Dicenta, según lo vemos en *Función de noche* y como posible prolongación del Mario de la novela de Miguel Delibes, no tiene tanta suerte: lo vemos solo, salido de no sabemos dónde y con un destino no demasiado halagüeño, condenado a proporcionar su voz a Freddy Krueger e introducirse con esa voz en los sueños y pesadillas de los jóvenes, posiblemente en los suyos propios. Nos asaltan mil dudas sobre él, sobre la suerte que haya podido correr desde el divorcio, como también nos asaltan muchas dudas relacionadas con Mario en la novela y la obra de teatro. Sobre Daniel Dicenta nos preguntamos si le han ido bien las cosas en el terreno emocional desde su divorcio de Lola Herrera, si encontró una compañera más idónea, si en lo laboral fue a más o a menos, si sus sueños se cumplieron o si sus sueños han acabado convirtiéndose finalmente en la adolescente *Pesadilla en Elm Street*.

Josefina Molina, en *Función de noche*, quería sacar a la luz los enemigos emocionales y sexuales con los que se había enfrentado una pareja durante la dictadura franquista, segura de que esa pareja podía servir de espejo para varias generaciones. Se trataba de gente nacida con los condicionantes del nacional-catolicismo, demasiado sumisa para ciertas cosas, aunque en ese sentido Daniel Dicenta se comportase como el miembro díscolo del matrimonio y Lola Herrera como la esposa y madre abnegada, que además luego vivió casi toda su vida primero con su abuela y luego con su madre. En el documental los actores tienen un encuentro, catorce años después de su divorcio, bajo condiciones muy estrictas: su conversación será seguida por ocho cámaras ocultas en el camerino de Lola Herrera, para que ellos no sientan que están siendo observados y mucho menos filmados. Aunque no habrá un guión, deberán tener en cuenta ciertos temas que deben desarrollar o abordar a lo largo de su conversación. Tienen que intentar hablar ante todo sobre cosas que antes hubiesen silenciado. Sexo, paternidad/maternidad, trabajo, familia... De eso salieron tras el montaje los estremecedores comentarios de Lola Herrera sobre sus expectativas la noche de bodas y su decepción (algo que pone de relieve que ella y Daniel Dicenta no habían mantenido relaciones sexuales con anterioridad). Él, por su parte, se sincera con ella y le cuenta los celos y la envidia que le corroían al verla a ella triunfante en lo que hacía, mientras él poco a poco ve cómo se difumina su propia carrera. Los dos aceptan que entre ellos había un alto grado de incomunicación, propiciada por su inmadurez, por las circunstancias familiares y por el país donde vivían, bajo una dictadura castrante.

La metodología fílmica que utilizó Josefina Molina en *Función de noche* transmite todavía hoy una profunda inmediatez y bastante naturalidad. Incluso el montaje, con sus giros extraños a veces, con sus fugas hacia las periferias del relato, da una sensación de veracidad, de falta de artificio, casi de haber sido captado todo con cámara oculta. Buena parte de ese efecto lo proporcionó que la conversación entre Daniel Dicenta y Lola Herrera hubiese sido filmada sin cortes. La cineasta lo explicaba así en una entrevista de la época: "el rodaje fue en tiempo real, una hora y tres cuartos, que luego yo respeté, dejando que cada cosa quedase dicha en su momento; lo único que quité fueron las reiteraciones"[4]. Nada de esto impidió que hubiera críticos de la época a quienes los resultados les resultaron artificiosos y hasta reprobables, porque les parecía que la cámara había ido demasiado lejos en su exploración de la relación matrimonial que en su momento habían mantenido Daniel Dicenta y Lola Herrera. En la prensa y las revistas especializadas se podían leer frases como: «mentir a la cámara es siempre más fácil que decir la verdad», «la ropa sucia se lava en casa». Pese a todo, Josefina Molina lo tenía muy claro: «nunca es malo verbalizar los problemas que tienes: Lola y Daniel han tenido la oportunidad única de salir de sí mismos, de objetivarse».

Función de noche fue, en mi opinión, una película muy adelantada a su época, demasiado. Si no ha sido lo bastante reivindicada fue por su carácter veraz e introspectivo con respecto a la vida matrimonial, que era uno de los tabús que no debían abordarse en público durante la dictadura y también luego, durante los primeros cinco años de la Transición; y quizás por mostrar un ideario que hoy podríamos considerar feminista, sin la línea dialéctica actual pero sí con los mismos objetivos de restituir la voz de la mujer, visibilizarla, equipararla al hombre sin necesidad de que muestre las mismas ideas u objetivos vitales, y de permitirle las dudas e incertidumbres que asolan a cualquier ser humano. Según Josefina Molina, "cuando una mujer habla de sus puntos de vista con respecto a otra mujer parece que la cosa es feminismo, pero realmente eso lo están haciendo los hombres continuamente y nadie les acusa de machismo"[5]. Su película, sin tener el prestigio que merece, recuerda a otras que, en el ámbito internacional de los años setenta, se proponían cuestionar la identidad femenina desde el mundo del cine, autoreivindicándose sólo por el mero hecho de visibilizar y hacer públicas declaraciones de mujeres,

---

[4]   Declaraciones recogidas en Contreras de la Llave, Natalia, "Entrevista con Josefina Molina", *Quaderns* 5, Valencia, 2010.
[5]   Ibid.

en algunos casos ficticias y en otras reales, como es el caso de *Función de noche*. La película no es sólo un ejercicio de confesión gracias al cual lo privado, con sus complejidades implícitas, salta al espacio público, sino que también puede considerarse un espacio fílmico para discutir acerca de los roles de la mujer en la España del franquismo, desfasados a ojos de cualquier mujer mayor de edad hacia finales de los setenta y principios de los ochenta, cuando Franco apenas llevaba muerto cinco años.

Hay muchas secuencias en *Función de noche* en las que se ve a Lola Herrera transitar por espacios públicos, marcando su presencia en ellos, quizás para de esa manera darle un valor más intenso al momento en el que se la ve ante un tribunal eclesiástico, llevando a cabo los trámites pertinentes para que se proceda a la nulidad de su matrimonio, algo que implica simbólicamente una redefinición de su yo y una búsqueda de su verdadera identidad más allá de la que le pudiese proporcionar un matrimonio con un hombre. Se la ve asimismo durante una consulta con un cirujano plástico al que pregunta sobre la posibilidad de operarse sus pechos, otro de los momentos de la película en los que queda claro que *Función de noche* es una prolongación de *Cinco horas con Mario*, una puesta al día a principios de los años ochenta de algo que cuando apareció la novela, en 1966, apenas se entrevió y que ahora, tras muchos años de ser más una ficción que otra cosa, es un rasgo imprescindible de la realidad.

A veces, por los extraños caminos que toma el cine, películas muy diferentes y distantes en el tiempo y el espacio llegan a tocarse o a provocar esa sensación. Sucede con *Of Time and the City* y *Función de noche*, ambos documentales muy sui géneris, ambos viajes al pasado, ambos cohetes espaciales, máquinas del tiempo. Si Terence Davies regresa al Liverpool de su niñez para encontrar en él el pasillo que le conduzca al Liverpool actual sin arrastrar los traumas del pasado, en *Función de noche* dos actores muy reales viajan a su pasado a través del cine e intentan articular las palabras que antes le fueron negadas.

Recientemente, en el programa de Televisión Española *La matemática del espejo*[6], Lola Herrera le confesaba a Carlos del Amor que en *Función de noche* ella por fin había sido capaz de decir lo que antes, al separarse y divorciarse de Daniel Dicenta, había quedado en silencio, por incapacidad y por la losa de la Dictadura, por no tener en aquel momento un lenguaje que le permitiese hablar, el idioma que le faltaba a todas las mujeres y al que Miguel Delibes había intentado dar forma con *Cinco horas con Mario*: "Para mí, la película de Josefina supuso una liberación pero al mismo tiempo también fue muy dolorosa. No viviré lo suficiente para agradecer a Daniel que estuviera allí porque yo no supe calibrar lo que supuso para él, sólo sé que lo pasó muy mal hasta el final de su vida. Yo seguí hacia delante; desgraciadamente, siempre hay alguien que se queda atrás".

---

[6]   Que se puede ver siguiendo este enlace: https://www.rtve.es/television/20230615/lola-herrera-funcion-noche-se-arrepiente/2449329.shtml

Ficha técnica

Título original: Función de noche; **Año:** 1981; **Duración:** 90 min.; **País:** España; **Dirección:** Josefina Molina; **Guion:** José Sámano y Josefina Molina (con fragmentos de la versión teatral de *Cinco horas con Mario*, de Miguel Delibes); **Reparto:** Lola Herrera, Daniel Dicenta, Natalia Dicenta, Juana Ginzo, Rafael del Pino, Jacinto Bravo; **Fotografía:** Teodoro Escamilla; **Género:** Drama.

Miguel Delibes, realismo literario

IVÁN BAENA GONZÁLEZ

Visión crítica de la realidad

La narrativa delibesiana, a la luz de sus novelas, es genuinamente realista. Bien es sabido que su producción literaria, máxime la ficcional, ha quedado determinada por su referencia y vinculación con la realidad social. Desde el cuento, Delibes aborda la condición humana –social e individual– como parte esencial de la realidad, que hará literaria atendiendo a las consideraciones empleadas desde la física y la filosofía: la representación de la realidad existente y las referencias a dicha realidad. Es decir, la realidad que se percibe y la que se recrea. Por ello, más allá de la fruición estrictamente artística, su narrativa constituye un hontanar de cognición histórica relativo a la sociedad española del siglo XX. Huelga destacar, no obstante, que el tratamiento de la realidad en su estilo literario no es puramente mimético. A pesar de la naturaleza fidedigna del trasfondo físico y filosófico, le acompaña la inventiva inherente a la concepción de los personajes y del entorno en el que se insertan. Toda novela, realista o no, en tanto que hija de su tiempo, como sucede de ordinario con el cine, representa la realidad social que la ciñe, rematada por la clarividencia del autor y su idea particular de la sociedad que anhela retratar. En consecuencia, el *realismo* en literatura es la exégesis de la realidad vital en virtud de la ficción. Sirvan de ejemplo la novela de Miguel Delibes, *El príncipe destronado* (1973), y la adaptación cinematográfica de la misma dirigida por Antonio Mercero, *La guerra de papá* (1977).

Desde su perspectiva existencial Delibes confecciona un conjunto de novelas con una facilidad especial para integrar condiciones psicológicas y personales a partir de una palmaria sensibilidad sociológica. Como se observa en *El príncipe destronado*, el escritor teje relatos que definen la conciencia de una sociedad, en general, y de unos individuos concretos. En un esfuerzo por comprender la realidad y examinarla desde la escritura, el realismo delibesiano propone un 'testamento social'. Sus personajes se extraen de la realidad viva, muchos de ellos, incluso, de su existencia particular[1]. Delibes demuestra cómo la conciencia –la suya, en este caso– revela el mundo, y cómo ésta, en última instancia, se experimenta a sí misma por medio de la literatura. Su narrativa se manifiesta como una 'denuncia' a la sociedad que representa –y padece–, presentada con un pesimismo sorteado en ocasiones por medio de la ironía. Su alto compromiso sociológico y psicológico, junto a su sensibilidad particular hacia valores como la libertad y la dignidad, se refleja en la caracterización identitaria de sus personajes. Así, con actitud crítica, progresista y liberal, en el marco de su época, se enfrentó a una sociedad alejada de principios como la independencia, el bienestar y la justicia.

Como vemos en *El príncipe destronado*, el realismo delibesiano es notoriamente detallado. A su destreza contemplativa, idoneidad de buen sociólogo teórico, se agrega una insólita facultad para describir la naturaleza humana, física y espiritual. Así, como declaran sus novelas, precisa un abanico de ideales, hábitos y circunstancias al tiempo que pormenoriza un elenco de fisonomías, gestos, relaciones interpersonales, mobiliarios y ornamentos, para la contextualización sociológica, con proyección psicológica, de los personajes concebidos. La compasión, la muerte y la religión, así como la caza, los viajes y el espacio castellano

---

[1]   "Yo traslado a mis personajes los problemas y las angustias que me atosigan", confesó el autor a César Alonso de los Ríos en sus *Conversaciones con Miguel Delibes*, Barcelona, Destino, 1993, p. 58.

-rural y urbano- son una constante en la narrativa de Delibes. Sin embargo, la infancia -el reto de ser "niño"- y el miedo -a las complejidades de la vida, al abandono, a la reprobación religiosa y a la deontología social-, como se pone de manifiesto en esta novela, se presentan asimismo como asuntos de capital trascendencia en su obra.

El príncipe destronado

La recreación de la realidad, tanto para los personajes como para la sociedad que los acoge, no siempre es mera ficción artística e intelectual. Con frecuencia el autor infiere a la realidad novelada todo un arsenal de efemérides, tanto las referidas a sí mismo como las descubiertas en sus vivencias sociales.[2] Así, tras descubrir con la paternidad la dificultad de su mundo y el desconcierto habitual que lo abraza, el escritor vallisoletano explora en esta narración los fondos de una época, haciendo recaer la lozanía del relato en la mirada cándida de la niñez. La puericia, elemento axiomático en su literatura, tañe con fuerza en el seno de esta obra. Sin embargo, a diferencia de sus trabajos anteriores, los protagonistas se insertan en un marco íntegramente urbano. En un esfuerzo por abandonar el medio rural, el escritor sitúa a sus personajes en un bloque de pisos de una capital de provincia castellana. La acción, sujeta a un ciclo diurno completo, se desarrolla, en su práctica totalidad, entre las cuatro paredes de una suntuosa vivienda, seguramente, de su Valladolid natal.

No fueron pocos los sorprendidos por la vuelta de Delibes al protagonista niño. Once años pasaron desde que el Nini, su último protagonista infantil, viese la luz con *Las ratas* (1962); aunque sólo dos si

---

[2]   Testificaba Delibes que "cuando se escribe, no solamente sobre niños, sino sobre cualquier ser humano, el escritor se dedica a una especie de cacería de recuerdos, vivencias, instantes. Una cacería en el bosque interior de uno mismo". En "La infancia, una constante en la narrativa delibiana", *Miguel Delibes, Premio Letras Españolas, 1991*, Madrid, Ministerio de Cultura, 1993, p. 240.

consideramos el año de creación de su nuevo protagonista, Quico[3]. Acostumbrado a urdir personajes comprendidos entre la pubertad y la adolescencia[4], con esta ficción aceptó el desafío de delinear un personaje principal de tan solo tres años, el más pequeño ideado por él hasta ese momento: "siempre ha habido niños a mi alrededor. Yo cuando nací era el tercero de ocho hermanos, luego he sido padre de siete hijos y ahora tengo quince nietos, de modo que en mi vida siempre han revoloteado niños alrededor. Fue, en efecto, un desafío". Atinaba el autor castellano al sostener que cualquier ser humano que expresase sentimientos podía ser el centro de un relato, con independencia de su edad. Con *El príncipe destronado* Delibes estatuyó que un chiquillo de casi cuatro años, más allá del enfado, la risa o el llanto, cuenta con un código expresivo propio. Con carácter y escasas palabras, vemos cómo puede cualquier personaje vivir, gozar y clamar entre las hostilidades y las dilecciones del seno familiar. Amparado por la idea de que no existe adulto despojado plenamente de su niñez, Delibes proyecta los asuntos más ígneos de la España de los años 60 desde los ojos de un infante de tres años. El autor, atento a cuanto acontece a su alrededor, revela en esta narración la realidad político-social de su tiempo, apelando, para ello, a una familia acomodada en pleno franquismo. Sin la extensión y profundidad de obras anteriores, Delibes nos presenta una sociedad deshumanizada, hipócrita y tecnificada, más angustiada por las convenciones sociales que por las convicciones individuales.

El príncipe destronado, novela profundamente humana, está determinada por una coyuntura espaciotemporal genuinamente urbana. Sin

---

[3]   *El príncipe destronado*, editada por primera vez en 1973, había sido concebida entre el 15 de marzo y el 21 de abril de 1964, pero la falta de interés de su editor -y buen amigo- Josep Vergés en el texto le obligó a conservarla en un cajón durante nueve años.

[4]   Daniel, el Mochuelo, Roque, el Moñigo, y Germán el Tiñoso, en *El camino* (1950); Sisí Rubes, en *Mi idolatrado hijo Sisí* (1953); o el mismo Nini de *Las ratas*. Así como algún crío más pequeño y de menor relevancia como Pedro y Alfredo, de *La sombra del ciprés es alargada* (1947); la Mariuca-uca, también de *El camino*; o el Senderines, de su relato corto *La Mortaja* (1970).

embargo, el autor no repara en la taxonomía de la ciudad que lo circunda, pues su interés reside exclusivamente en la descripción de espacios interiores, tanto físicos como psicológico-afectivos. Para todo ello, desde el costumbrismo que tiñe su obra, Delibes detalla doce horas en la vida de Quico, un chiquillo que, tras el nacimiento de su nueva hermana, Cris, ha dejado de ser 'el rey de la casa' para ser 'el príncipe destronado'. Manifestándose poderosa, de forma explosiva, la característica de realidad que exhiben tanto la física como la filosofía acerca de que toda realidad es dinámica, tenuemente desde sí misma, perspectiva intrínseca, y bruscamente en su respectividad extrínseca, en sus circunstancias personales en sociedad.

La guerra de papá: *Adaptaciones, giros y temáticas esenciales*

Antonio Mercero Juldain (1936-2018), director y guionista guipuzcoano, es conocido por sus incursiones en los campos del cine y la televisión. Licenciado en 1958 en Derecho por la Universidad de Valladolid, no tardaría en convertirse en director de cine, graduándose tres años después en la Escuela Oficial de Cine de Madrid. En su periplo por la capital filmó cortometrajes como *Trotín Troteras* (1962), con el que se diplomó como director, o *Lección de Arte* (1962), con el que se alzó con la Concha de Oro del Festival Internacional de San Sebastián. Sin embargo, como evidenciase el lanzamiento de su ópera prima, *Se necesita chico* (1963), con el salto al largometraje no corrió la misma suerte. Por ello, dirigió sus primeras cintas para la pequeña pantalla. En los años 70 y 80 la Televisión Pública Española se inclinó, en lo relativo a la creación de contenidos, por una senda poco usual: ofrecer a productores la realización de metrajes que, a la postre, serían presentados en concursos internacionales. Ante esta tesitura, Mercero emprendió en 1972 el rodaje de *La cabina*, la obra más emblemática de su filmografía, condecorada, entre otros, con el Emmy en Estados Unidos al mejor telefilm. Gracias a sus inmersiones en televisión, Mercero erigió sus obras más redondas. Eso sí, sin abandonar los principios del cine tradicional. Sirvan de ejemplo series como

Crónicas de un Pueblo (1971), *Verano Azul* (1981), *Turno de Oficio* (1986) o *Farmacia de Guardia* (1991). Lejos del espacio televisivo, dirigió cintas como *La guerra de papá* (1977), *Espérame en el cielo* (1987), *El tesoro* (1990)[5], *La hora de los valientes* (1998) o *Planta 4ª* (2003), con las que llenó salas de proyección por todo el panorama nacional. Por todo esto, puede colegirse que la trayectoria profesional de Mercero, a pesar de sus vicisitudes, cuenta, en definitiva, con más luces que sombras.

Resulta sencillo comprender por qué la literatura de Delibes es tan codiciada para el alumbramiento de guiones de cine. Su prosa es coloquial, cercana y directa. No tropieza con introspecciones psicológicas pomposas, ni con inventarios abigarrados. El carácter secuencial de sus novelas, así como su extensión y su característica construcción lineal, hacen que su narrativa cuente con una mirada fílmica propia. Lo que facilita a cualquier director y guionista de cine su adaptación. Motivado por su afición al séptimo arte[6], el lenguaje cinematográfico que define los textos de Delibes ejerció un influjo notorio en su estilo narrativo. De aquí que sus cuentos resultasen asumibles para su posterior traslado a la pantalla. En palabras del autor, "las adaptaciones consisten en contar la misma historia mediante un instrumento distinto. La calidad literaria se sustituirá en el cine por la calidad plástica, cosa que no siempre sucede, pero es a lo que se aspira". Además, aseguraba que "el director de cine no ha de ser más respetuoso con la novela que el novelista con el guion". Tal y como hiciese con las adaptaciones de Mercero, *La guerra de papá* y *El tesoro*, el escritor concedía total libertad a los cineastas para acomodar sus textos. Dejándose ver por los rodajes, Delibes disfrutó siempre de este singular proceso creativo.

---

[5]   Adaptación de la novela homónima, *El tesoro* (1985), también de Miguel Delibes, en su segunda aproximación a la obra del escritor vallisoletano.

[6]   Parafraseando al propio Delibes, se retoman aquí sus inicios como espectador de películas todavía mudas y para niños, en el cine Hispania de su Valladolid natal, como él mismo comentaba en *He dicho*, Barcelona, Destino, 2006.

"La guerra de papá", expresión recurrente del protagonista, sirvió a Mercero en 1977 para rotular su aproximación particular a la undécima novela de Delibes, *El príncipe destronado*. En un período de total efervescencia, entre la muerte de Franco, 1975, y el decreto de la Constitución de 1978, Mercero aprovecha la comedia para criticar una sociedad –predemocrática– herida de muerte. La conversión del título, seguramente motivada por razones comerciales y/o políticas, dota de sentido al enfoque que proponen Mercero y José Frade, su productor, a la película. Si el relato de Delibes orbitaba en torno al abandono que siente el protagonista tras la llegada de Cris, en la cinta prevalece el retrato de una familia –afín al Régimen– situada entre la postguerra y las postrimerías del franquismo. Esta nueva perspectiva, sin embargo, no resta un ápice de protagonismo a Quico, pues éste se mantiene, e incluso se potencia, durante el metraje. Con esta nueva visión Mercero despertó el interés tanto del público adulto como del infantil. Lo que supuso un verdadero suceso cinematográfico al permanecer en cartelera, en algunas salas, durante todo un año. La película, no obstante, no obtuvo el eco esperado, pues la prensa –primeros años de la transición– la calificó de partidista y los medios de comunicación imperantes trataban de sofocar todo contenido referente al franquismo. La cinta se estrenó el 19 de septiembre de 1977 en el cine Albéniz de Madrid.

Este acercamiento fílmico –y literario– a la realidad social y política de los años 60 y 70, parte de la afección que padece Quico, un niño de facciones angelicales, ante la llegada al mundo de su hermana pequeña, Cris, que lo ha relegado a un segundo plano. En este marco, con el síndrome del 'príncipe destronado' de fondo, Mercero nos presenta la cotidianidad de una familia numerosa en los años de postguerra, donde, a lo largo de un día cualquiera de 1964, se suceden toda clase de episodios. A la presión psicológica que entraña la venida de una hermana, para cuya rivalidad no estaba prevenido, se le suma al protagonista la tensión natural de nuevas coerciones exhortadas por los adultos. Ante esta coyuntura, el niño experimenta aleatoriamente arrebatos de perplejidad, celos y desvalimiento. Estos elementos, entre otros, que hacen de Quico un personaje extraordinario, dificultan su subsistencia y generan en él todo un despliegue de artimañas, defensivas y ofensivas, contra la desazón. Un juego de luces y un alarido matinal, "¡Ya me he despertaooooo!", entonado por el travieso Quico, sirven de pistoletazo de salida a Mercero para emprender su adaptación. A partir de ahí descubrimos el diorama doméstico donde se explaya el vigor del protagonista. Una vida que nos retrotrae al corazón de una época donde la niñez coexistía con tebeos de *La Conquista del Oeste*, el Chupachups y el Cola Cao, donde se ingería el calcio a cucharadas, donde el doctor inyectaba a domicilio y donde fumar en la consulta del médico era como hacerlo en casa. Culminado todo ello, bajo la ingenua contemplación de Quico, por las melodías de Roberto Cantoral, Juanito Valderrama y el *madison* del momento.

Una familia en guerra

En paralelo a la novela, uno de los aspectos que subyace en la película y en la sociedad española de los años 60 y 70 es el de la Guerra Civil. No obstante, debemos atender a otros pretextos para encontrar un significado más amplio y acertado al título. Éste, por supuesto, propone aspectos de violencia que no deben ignorarse, aunque la premisa del director reside en la sugerencia de un enfrentamiento donde los beligerantes están exentos de armas. La guerra que Mercero nos describe en su película es, en efecto, puramente psicológica. En esta particular contienda, Quico, desterrado de su reducto original, donde ahora descansa Cris, no lidia directamente con su hermana, sino con su circunstancia psicológico-emocional. El pequeño intenta regresar a su paraíso inicial, el afecto materno, valiéndose para ello de toda clase de tretas. Por tanto, aunque no remite su inclinación agresiva hacia su hermana, ella no es su oponente directo. La indiferencia y la desafección son, en realidad, sus únicas adversarias.

A pesar del título, *La guerra de papá*, es Mamá quien se encuentra en una guerra perpetua. En un intervalo de doce horas se enfrenta sin tregua con las criadas, con las exigencias del hogar, consigo misma por permanecer a flote, con sus hijos y, sobre todo, con su marido por medio de una dramática lid dialéctico-ideológica. Aunque la Guerra Civil Española, más incluso que en la novela de Delibes, late con fuerza en el argumento central del filme, el hipocentro de la polémica –en torno a la contienda– se proyecta en la controversia, recién referida, entre Papá y Mamá. En este episodio se plantean, pues, diversos matices del conflicto. Mamá –mujer subyugada– y Papá –un hombre machista y belicoso– preservan veredictos radicalmente opuestos. Mientras uno decreta que fue una "causa santa", la otra, menos ampulosa pero igual de consistente, defiende que "esas cosas siempre suelen ser lo que nosotros queramos que sean":

- – Papá, cuéntanos cosas de la guerra.

- – En la guerra sólo hay dos preocupaciones: matar y que no te maten. Lo malo es la paz, el teléfono, la Bolsa, las visitas, la responsabilidad, el mando, los líos laborales.

La madre, exhausta y exasperada a partes iguales, se presenta, en un principio al menos, más receptiva a limar asperezas, a estimar que en la guerra todos pierden y que no hay bandería poseedora de toda verdad. Entretanto, el padre, combatiente en el bando nacional, ampara la benevolencia de su posición y la severidad de la contraria. Tan es así que se vanagloria de haber matado a más de un centenar de 'malos', tratando de inculcar sus valores a los pequeños, más tendentes a considerarlo un héroe. En el mismo acto, reconoce incluso que debían haber matado a su suegro, militante republicano, cuando estaban a tiempo. El trasfondo bélico que ambienta la trama se ve contextualizado paralelamente por el recuerdo de la bomba atómica como tema de actualidad. No debemos olvidar el marco histórico en el que se concibe la historia, pues la Guerra Fría entre Estados Unidos y la Unión Soviética, tras la crisis de los misiles de Cuba de 1962, es el escenario global en el que se insertan los protagonistas. Asimismo, el problema de la 'mili', con la creciente preocupación por el probable traslado a Ifni o al Sáhara, funciona igualmente como símil de las hostilidades bélicas urdidas en el corazón del hogar:

– Papá, nos ha dicho el profe de Historia que si llega a explotar la bomba esa que cayó del avión americano, nuestros cadáveres quedarían como si fuesen de esponja. ¿Es verdad?
– Sor Teresa dice que los muertos de las bombas atómicas se quedan como de corcho.
– Sí, han oído campanas. En realidad, las víctimas de las bombas atómicas se convierten en algo parecido a la piedra pómez.

Mercero lleva a la gran pantalla el longevo asunto de la Guerra Civil para reprobarla sin cortapisas, en especial las intransigencias de unos cuantos que, aún en los 60 y 70, se mostraban dispuestos a separar España en dos facciones antagónicas. La Guerra Civil y el posible traslado a África sobrevuelan gran parte del día de trastadas e ingeniosidades de Quico. Porque *La guerra de papá* es, de hecho, la guerra de todos: la de sus padres, la de sus hermanos, la de las criadas y la de su propia entelequia.

– Mamá, ¿yo también iré a la guerra de papá?
– No, hijo, espero que no. Aunque hay muchos que quieren que esa guerra siga, en realidad, terminó hace mucho. Ya no habrá más guerras de papá.

Bien es sabido que Delibes nunca se conformó propiamente con constatar un evento o un período concretos. En tanto que mera representación de la realidad descrita, su propósito era criticarlos. El autor, bajo su concepción de realidad, cuestionaba cuanto consideraba abyecto y perfectible. En su crítica de la realidad social, como recogen la presente novela y la adaptación de Mercero, juzga y denuncia las relaciones entre los integrantes, en tiempos de postguerra, de cualquier comunidad. Como anticipábamos, la narrativa delibesiana, en su invectiva particular contra la realidad política, luce un discurso categórico frente a las dictaduras y todo régimen tiránico. Por último, en lo relativo a su diatriba contra la realidad conductual del individuo y la realidad educativa de su tiempo, reincidente es su vituperio contra el egoísmo imperante y la educación tradicional practicados en el núcleo familiar. Razón por la que, de esta mirada crítica del entorno, brotan de su literatura trasfondos que rastrean la trabazón entre el ser humano y la naturaleza, el amor, la felicidad, el desafuero social, la muerte o Dios. A Delibes, en definitiva, no le seducía la acción de sus historias, sino las ideas y las contingencias de sus personajes, extraídos, en última instancia, de su propia realidad.

Crítica a la realidad religiosa: el pecado

Reiteradas son las referencias de Delibes a la idiosincrasia utópica del credo humano. Educado en un catolicismo comedido (o, mejor dicho, en un liberalismo cristiano y compasivo), defendió siempre la dignidad del individuo y la consonancia entre la sociedad y la naturaleza, el progreso y la tradición, la comunidad y el sujeto. Por todo ello, el cristianismo de Delibes, en su narrativa, no es asunto baladí, pues se presenta como uno de los pilares de su literatura. El autor castellano, afectado por la formación e integridad individual y colectiva, no ignora un asunto esencial como la religión en una nación –entonces– mayoritaria y profundamente católica. La confección de *El príncipe destronado*, a la luz de la tradicional convivencia entre la Iglesia y el Estado, coincidió con la celebración del Concilio Vaticano II (1962-1965), donde se planteó la perspectiva fundamental de la 'libertad religiosa'. En una sociedad en vías de secularización, esta contingencia se presentaba indispensable para que toda persona manifestase sus creencias sin rémoras. Delibes, con toda intención, hizo concordar cronológicamente su relato –martes, 3 de diciembre de 1963– con el penúltimo día de la segunda sesión de dicho acto. Es bien sabido que, en aquellos tiempos, no gozaba España de la libertad religiosa que autores como Delibes y Mercero anhelaban. Razón por la que uno y otro utilizaban la literatura y el cine, respectivamente, como subterfugio para ahondar en temas de gran controversia y calado social. En la presente obra vemos, a la sazón, cómo la sociedad transmitía de padres a hijos una fe cada día más henchida de superstición. Ejemplo de esto son las nociones religiosas que adquiere el pequeño Quico, pues parten de los actos y los discursos de las criadas, sin haber sido instruidas para ello. Los conceptos teológicos que hereda el protagonista, en consecuencia, están condicionados por un innegable fetichismo. Motivo por el que éste se forja una representación mental del demonio propia del medievo: con alas, cuernos y rabo. Por ende, la base religiosa del personaje principal, así como la de otros secundarios, se presupone sumamente débil.

Reiterativa es también en la novela la idea del pecado. Quico vive en un pequeño mundo donde recibe asiduamente disertaciones sobre el bien y el mal, sobre la vulneración de ciertos preceptos y sus represalias. Por desgracia para él, todo tipo de contravención se convierte irremisiblemente en pecado, y éste, con independencia de la índole, se torna siempre grave. El infierno, dimensión a la que será expelido por el demonio, se presenta con frecuencia como corolario recurrente en su vida. Así, el subconsciente del protagonista se puebla de ideas pavorosas como el miedo al infierno, el pecado o su propia perversidad. Nos encontramos, en definitiva, ante una moral represiva que conduce a la mortificación de cualquier acto:

- ¿Es pecado, Vito?
- ¿Pecado? ¡Y de los gordos! Si te agarran ahora los demonios no paran hasta dejarte en los infiernos.

La perceptibilidad cristiana de Delibes, reacia al tradicionalismo, se revela igualmente vigorosa en el tratamiento de la infancia. En lo relativo al pecado, apunta que la inocencia no estriba en una perenne benevolencia, sino en esa afinidad con la vida que el individuo abandona en la edad adulta, cuando la consciencia empaña su capacidad de asombro. Delibes y Mercero reproducen con maestría el mundo de la niñez, con su afecto por lo inmediato y su avenencia con los elementos. Pues sólo los niños, como declaman ambas obras, aprecian el don de la vida, celebrando con embeleso y gratitud la firmeza del fuego, el brío del agua o las dádivas de la existencia. Para Delibes, el pecado no reside en la apatía o tentación que todo individuo soporta, sino en esa codicia fáustica de poder, donde el prójimo sólo es un cuerpo supeditado a nuestra voluntad. Así, de acuerdo con la enseñanza evangélica, Delibes se presenta como uno de esos católicos que aboga por la compasión antes que por la penitencia.

En este marco de estudio de la realidad, se revelan en el filme una serie de personajes radicalmente distintos. Quico, interpretado con primor por Lolo García, es sin duda uno de los hallazgos de la obra. Mercero nos descubre a un chico de casi cuatro años que ansía desentrañar cuanto le rodea. Llegando hasta sus postreras consecuencias, este pequeño investigador explora su reducido mundo escoltado por su incontaminada inocencia y un multifuncional tubo de pasta dentífrica que, en un tiempo donde escasean los juguetes, actúa como avión, pistola y cañón, indistintamente. Se trata de un niño urbano, espoleado por el anhelo del celo materno, que las finitas dimensiones de su piso son convenientes para sus exigencias espaciales. Quico, desde su infinita ingenuidad, reconoce como legítimo cuanto las visiones de su imaginación le proyectan. El candor de su inocencia, de la que hace gala en cada escena, es el quid del éxito de la película, pues todo espectador se descubre en lo primigenio de su talante y reconoce en él, quizás, el eón más feliz de su propia vida.

Resulta evidente que es Quico quien asume el protagonismo total de la obra, un peso que en ocasiones comparte con sus hermanos Juan

(Eugenio Chacón) y Cris (Beatriz Díez). Aun así, el ministerio de sus progenitores –máxime el de la madre– es de primer grado, puesto que sus perspectivas ideológicas son a todas luces refractarias. Su matrimonio, situación generalizada en la España de postguerra, no funciona. Sirva de ejemplo esta porfía entre los cónyuges, genialmente interpretados por Teresa Gimpera y Héctor Alterio, aprovechando la presencia de su hijo para arremeter sin piedad el uno contra el otro:

- Quico, hijo mío, si en esta vida ves antes la paja en el ojo ajeno que la viga en el propio, serás un desgraciado. Lo primero que has de aprender en este mundo es a ser imparcial y, lo segundo, a ser comprensivo. Hay hombres que creen representar la virtud. Y todo lo que se aparta de su juego de ideas supone un atentado contra unos principios sagrados. ¿Me comprendes, hijo?
- Ahora, escucha, Quico. Lo que a mí me duele es que, siendo un hombre positivamente honrado, alguien venga a poner en duda la honradez de mis ideas. Si yo soy honrado, mis ideas serán honradas. Por el contrario, si soy un tipo torcido, mis ideas serán torcidas. [...] Hay personas que prefieren hacer de tus hijos unos entes afeminados, antes de verlos agarrados a una metralleta como hombres.
- Quico, hijo, a palabras necias, oídos sordos.
- El día que te cases, Quico, lo único que has de ver es que tu mujer no tenga la pretensión de que piensa.
- En el mundo, Quico, hay personas absorbentes que creen que sólo lo suyo merece respeto. Huye de ellas como de la peste.
- ¡La mujer en la cocina, Quico!
- Quico, hijo, las bestias no deberían vivir en el asfalto.

En aquellos años, donde el divorcio resultaba tan lejano, el casamiento se vivía como mero concordato social y económico, rubricado por un misterio orientado a la compensación sexual con el zaguero fin de procrear. Desde esta óptica tradicional, y como se advierte en algún proceder de la madre, se adivinan aires de cambio. Aunque la ruptura, ya en años conciliares, no terminase por seducir a la comunidad católica, observamos cómo la mujer flirtea por teléfono con el doctor, Emilio, en los últimos compases del filme:

> – Sí... ya hablaremos... no me atrevo... cualquier otro sitio... sí... claro... sí... de acuerdo... de acuerdo... es que ahora no puedo... también yo tengo ganas... sí, pues ya lo sabes... lo sabes de sobra... eres tonto...

La familia, como acontecía de ordinario en los domicilios más acomodados, gozaba de servicio doméstico. Vito, encarnada por una jovencísima Verónica Forqué, asumía el grueso de los menesteres del hogar. Domi, representada por Rosario García Ortega, por otro lado, parecía ocuparse solamente de Cris. Una y otra, opuestas y complementarias a partes iguales, llevan el peso de algunos momentos cumbre de la obra. Por la interinidad de su formación, sus respectivos niveles culturales se alejan de los vistos en el resto de los adultos. Aun así, ambas manifiestan caracteres antagónicos. Vito, cercana, buena y leal, colma al pequeño Quico de atención y cariño. Domi, por su parte, indiferente, hipócrita y de escasa calidad humana, se encarga de implantar en la mente del protagonista muchas de las consternaciones que lo terminan perturbando. Pablo, Marcos y Merche –los hermanos mayores–, Emilio –el médico de cabecera–, Femio –el novio de Vito–, Santines –el joven tendero– y la tía Cuqui completan asimismo un elenco repleto de gradaciones y rigor. El diseño minucioso de estos personajes nos descubre a un artista repleto de "sentido común, instinto, intuición y sapiencia natural, [la de] quien mira y aprende, [la de] quien se ha pasado la vida en contacto directo con la naturaleza, pero también auscultando la realidad que le rodea con ojos vírgenes y mente libre de prejuicios"[7].

---

[7]   Ramón García Domínguez ilustra la mirada crítica delibesiana en su capítulo "De mis encuentros con Delibes" incluido en *Miguel Delibes, Premio Letras Españolas, 1991*, Madrid, Ministerio de Cultura, 1993, p. 12.

Semiología: exploración y estilo visuales. Aspectos estéticos, sonoros y lingüísticos

La ambientación del hogar es igualmente parca de connotaciones y trasfondos. Mercero y Manuel Rojas, director de fotografía, sitúan al protagonista en un ambiente cálido, repleto de colores y sonidos. El niño se desenvuelve en una atmósfera habitable y habitada, donde no se descubre solo ni abandonado si no es por voluntad propia. En lo relativo a la semiótica del color, notorio es el protagonismo del rojo y la calidez inherente de sus matices. Los cuales podrían funcionar como mensaje subliminal. Pues no debemos olvidar la postura que mantiene ante el conflicto la verdadera dueña del entorno, Mamá, hija de un combatiente 'rojo' en la Guerra Civil. Ante esta coyuntura, descubrimos en el filme infinidad de destellos rojos: el jersey, la cuna y el triciclo del protagonista, el tapón del tubo de pasta dentífrica, el pijama y los coloretes de Cris, sillones y cuadros, las banderas de la Falange Española de las JONS y del Régimen que presiden el despacho del padre, la sala de rayos x del doctor, algunas de las paredes y moquetas que ambientan la casa, el aspirador o la lámpara de la salita de juegos. Por supuesto, emanan otros tantos colores, aunque de menor impacto, como el azul y el blanco que colman de vida el espacio del protagonista.

El mundo afable de Quico está cubierto además por una serie de sonidos que igualmente lo proveen de vitalidad. Muchos de ellos, melódicos, provienen de la radio, de las voces de las criadas o del periódico repicar de besos que recibe el pequeño. Otros ruidos que orquestan sus trastadas, aunque menos armoniosos, son los chillidos de Mamá y de la Domi, los llantos de Cris o las canciones a todo volumen que emanan del tocadiscos. Este conglomerado de resonancias crea, a fin de cuentas, la idiosincrasia de un hogar: el de Quico. Los diálogos, como era de suponer, están provistos de elocuencia y maestría. Extraídos en su práctica totalidad del texto de Delibes, las adaptaciones de Antonio Mercero y Horacio Valcárcel tienen su fundamento en que "el niño se abre a la vida preguntando, esperando respuestas"[8]. Quico se descubre así en un coloquio ininterrumpido con sus hermanos, con las criadas, con sus padres y con cuantos visitan a éstos. Cada personaje, de este modo, revela el rango sociocultural al que pertenece, pues en cada conversación se justifican diversas formas de locución. El espectador, por ejemplo, no tarda en percatarse de expresiones, nacidas de los labios de las criadas, como "*La* Vito es demasiado *de* buena" o "*Me se* duerme en los brazos". De esta suerte, los diálogos congregan sintagmas de lo más variopinto, un sinnúmero de onomatopeyas ("pam-pam-pam", "ta-ta-ta") o hasta la más leve palabrota ("¡Leche, me pillé!", "Mierda, cagao, culo"). A todo ello debemos sumar las declamaciones mal enunciadas de Cris ("Ata-ata-ata", "Atito"), las hipocorísticas que envuelven a Quico ("mico", "rico", "chico") o aforismos como "¡Calla tú la boca!" e "ir a freír puñetas".

La película, que se despide con el adormecimiento de Quico, nos regala, bajo su inocente mirada, todo un abanico de reflexiones. La última, tras acostar definitivamente al pequeño, se descubre a la luz de una conversación entre Mamá y Vito:

– A saber qué tendrá la mano de una madre.
– Sí, lo malo es luego. El día que falte mamá o descubran que mamá siente los mismos temores que sienten ellos. Pero eso ya no tiene remedio. Puede irse, Vito. Yo me quedo con él.

Innegable es la pasión que Delibes profesa por la autenticidad de la vida. Reticente a todo antifaz, se recrea en la concepción de personajes sinceros, que se desenvuelven entre la espontaneidad y la sencillez de su existir, receptivos a cuanto la vida les sugiere. Su prioridad mora en el papel de los niños, en los que todo culmina, cuyas miradas aprovecha para especular sobre el mundo de los adultos. Así, el realismo literario del

---

[8] En el volumen editado por Cristóbal Cuevas García, titulado *Miguel Delibes. El escritor, la obra y el lector*, Barcelona, Anthropos, 1992; Andrés Amorós capta la esencia del autor castellano en su pieza "Pegar la hebra con Miguel Delibes", p. 19.

escritor se ha visto enriquecido por la perspectiva crítica que distingue sus acercamientos a la realidad. La sociedad que describe, en tanto que realidad en su contexto histórico, es una realidad social pretérita. Pues la sociedad y los asuntos representados no constituyen actualidad, aunque sí testimonio de su época.

En virtud del trabajo, entre otros, de Mercero, el cine, en tanto que 'arte visual', ha sido empleado desde sus orígenes para difusión de novelas; instaurando una nueva forma de literatura que se ajusta con precisión a la cinematográfica. De esta suerte, la obra del escritor vallisoletano se ha visto encumbrada todavía más por el buen hacer del séptimo arte. Delibes, lejos del idealismo renacentista y del romanticismo decimonónico, abraza un elemento medular de la literatura española del siglo XX: la realidad. A pesar de la incapacidad del ser humano, por la subjetividad de su mirada, para representar la realidad tal y como se presenta, fehaciente es la acogida de 'lo verosímil' en sus ficciones. La objetividad del escritor, en su grafía particular del entorno y de cuanto en él acontece, se ve cortejada por la claridad poética de su sensibilidad; matiz que a todas luces ennoblece su obra.

Bibliografía

Delibes, M., *Obras completas Miguel Delibes (Vol. VI), El periodista. El ensayista*, Barcelona, Destino, 2010.

—.   "Novela y cine", 1985.

Delibes, M.; Alfonso de los Ríos, C., *Conversaciones con Miguel Delibes*, Barcelona, Destino, 1993.

González de la Posada, F., *La formulación lingüística de los personajes femeninos en Delibes: de la realidad sociohistórica al realismo literario*. Tesis doctoral en Filología Hispánica. Universidad de Alcalá de Henares, 2019.

Ortega y Gasset, J., "Yo soy yo y mi circunstancia" en *Meditaciones del Quijote*, Madrid, Alianza Editorial, 2014.

Pauk, E., *Miguel Delibes: desarrollo de un escritor (1947-1974)*, Madrid, Gredos, 1975.

Zubiri, X., *Estructura dinámica de la realidad*, Madrid, Alianza Editorial, 1989.

Ficha técnica

Título original: La guerra de papá; **Año:** 1977; **Duración:** 96 min.; **País:** España; **Dirección:** Antonio Mercero; **Guion:** Horacio Valcárcel, Antonio Mercero; **Novela:** Miguel Delibes; **Reparto:** Lolo García (Quico), Teresa Gimpera (Mamá –Mercedes–), Héctor Alterio (Papá –Pablo–), Verónica Forqué (Vito), Rosario García (Domi), Eugenio Chacón (Juan), Walter Morf (Pablo), Beatriz Díez (Cris), Regina Navarro (Merche), Agustín Navarro (Marcos), Vicente Parra (Emilio), Queta Claver (Tía Cuqui); **Género:** Comedia.

Tierra de campos, Castilla universal

Juan Laborda Barceló

Las Ratas, novela publicada por Miguel Delibes en 1962 que obtuvo el premio nacional de la crítica, es un caso singular de la literatura y de la cinematografía española por múltiples razones. No son pocas las particularidades, o quizá deberíamos decir causalidades, que esta obra señera concita. Por señalar algunas de ellas, podríamos empezar por las numéricas. El filme rodado en Tierra de Campos (entre las zonas rurales de Valladolid y Palencia) es la tercera adaptación literaria de Delibes que ejecutó Antonio Giménez-Rico como director. La primera fue *Retrato de familia* (1976) sobre su novela *Mi idolatrado hijo Sisí*. Después llegó *El disputado voto del Sr. Cayo* (1986), tránsito al celuloide de la ficción homónima; y la tercera la que nos ocupa. De este modo, se cierra una suerte de trilogía temática que aborda perspectivas destacadas de la obra del escritor vallisoletano tornadas en imagen en movimiento. En esos destellos sobre la sábana blanca que es la pantalla podemos ver los misterios familiares, la crítica soterrada –que no evidente– al sistema político y la defensa de la naturaleza, especialmente en esta última obra. Si bien es cierto que la pulsión ecológica habita en *La Ratas*, estos temas y otros cercanos, como el ruralismo antropológico, recorren su obra de manera transversal.

De igual manera, podemos observar en la trayectoria del director y guionista un gusto por abrir el camino de las letras, nacidas negro sobre blanco, hasta la gran pantalla. Su carrera está trufada de guiones propios, algunos trabajados al alimón con José Luis Garci o Rafael Azcona (nada menos), y otros partiendo de piezas literarias de autores destacados por su efervescencia intelectual, estilística o temática. Así, ha llevado al cine novelas de Felipe Trigo, Torcuato Luca de Tena, José Antonio Nieves Conde o, más recientemente, del escritor cordobés Alejandro López Andrada. No es poco. Todo ello nos permite pensar que hay en la producción de Giménez-Rico un interesante diálogo, quizá inacabado, sobre la mutación del lenguaje literario en el narrativo audiovisual. Esta es, a todas luces, una de sus películas más conseguidas. Sin embargo, y como es natural, los mimbres de uno y otro léxico sólo pueden emparentarse lejanamente.

La obra literaria, tanto como el filme, atesoran, por otro lado, una serie de ideas de una vigencia pasmosa. Eso sí que es la mejor definición de un clásico, aquello que pervive en el tiempo y no pierde fuerza con el tránsito de los años. Por empezar por algún sitio, es bueno pensar en dónde y cómo pone el foco Delibes en esta pieza literaria y en la manera en que eso se ha respetado en el salto al cine. La imaginaria Torrecillórigo, pueblo vecino al de los protagonistas, es un no-lugar, casi una Macondo oscura y espejeante de cualquier municipio castellano. Delibes huye de todo patrimonio arquitectónico para centrar su mirada en el terruño. Hay escasas referencias a las desvencijadas paredes de los pueblos de Castilla. Aún así, la acción tiene visos de transcurrir en una localidad pucelana, pero podría serlo de cualquier otro sitio, de cualquier otro punto de Castilla o de la piel de toro. La razón es sencilla. Cuando la miseria apretaba –y cuando no tanto– personajes como los protagonistas de la novela, El Ratero y su chico, el Nini, rapaz sabio y lleno de certezas campestres y vitales, cazan ratas para su consumo humano. Es uno de tantos "oficios" rurales extintos. De tal modo ocurrió a lo largo de la historia en Castilla, pero la pericia del autor hace que antropológicamente podamos identificarlo con muchos otros lares. Por poner un caso, es conocido que en Levante, las ratas de agua, hasta hace no demasiado tiempo, al igual que los caracoles, eran un condimento habitual en la paella. Hoy los caracoles lo siguen siendo en zonas interiores y de una gran belleza y variedad tectónica como el Maestrazgo.

El tema no es menor, pues la literatura se ha enseñoreado en estos predios rateriles. Quiero por ello traer aquí la novela de José Carlos Rodrigo Breto, titulada *Squonq* (2023). En ella fantasea con conceptos que, como si fuera un agujero de gusano, conectan con la obra delibesiana. El autor plantea la ficción de que la reina de Inglaterra, en un tiempo y en espacio también ficcionales, se alimenta en su desayuno diario de carne de ratas (exquisitamente cocinadas, eso sí). Podría parecer una *boutade*, pero hay un peso literario en la propuesta. Y, hasta incluso, propone el juego ficcional de que anhele hincarle el diente a una extraña especie de roedor mítico llamado Squonq. Dicho esto, el propio Delibes pone en boca del alcalde del pueblo la idea de que la rata, con un chorrito de vinagre, es una carne tan fina como la de codorniz. La cara de estupefacción del gobernador civil es un poema cuando recibe esta información. Muta hasta indignarse y se conjura nuevamente para acabar con ese tipo de "lacras" en sus dominios. Y así llegamos a otra de las dicotomías de actualidad que ya plantease Delibes, que es la oposición entre tradición, sea esta cual sea, y el aliento modernizador. Quizá, hoy en día, esta sea una de las claves del cambio de paradigma al que nos enfrentamos. Más aún en un momento en el que la tecnología y las inteligencias artificiales están haciendo estragos en las concepciones sobre el mundo de los más jóvenes, y de los que no lo son tanto. No obstante, el conflicto intelectual y emocional que plantea Delibes no es ni mucho menos plano. Al contrario, con su pericia literaria dibuja aristas, como debe ser, en torno a ambos argumentos. Es decir, las tradiciones son necesarias, y hay que mantenerlas, pero muchos de los que viven apegados a ellas se caracterizan por un brutalismo rayano en la animalidad. Del mismo modo, los afanes teóricamente modernizadores del gobernador civil, fiel representante del modelo político franquista, son pazguatos, cortos de miras e interesados. Y no es que nadie se salve, es que todas las perspectivas son ponzoñosas. Giménez-Rico es muy fiel en la ejecución de estos pasajes y consigue que, tanto la crítica como la reivindicación contradictoria sobre lo añejo y lo nuevo, sobrevuelen el metraje.

No se puede desligar la obra de otro tema pertinente, y emparentado con el anterior. Se trata del ecologismo o la defensa del medio ambiente, concebido como patrimonio de todos. Estamos, por tanto, ante otra de las fidelidades afortunadas entre el texto y el filme. Son varios los subrayados que el entorno natural permite en este particular. Los hombres del pueblo están sometidos a las inclemencias naturales y, además, tienen una relación de supervivencia con el entorno. De hecho, uno de los pasajes más hermosos de novela y del filme se produce cuando la cosecha peligra. Una helada extraña en primavera amenaza la forma de vida del lugar. El Nini, niño sabio, apunta que, si el viento cambia antes del amanecer, las espigas se salvarán. El pueblo tiene el alma en vilo, y el bolsillo y el estómago también. La ilusión de la supervivencia, narrada en tonos azulados (de invierno castellano) y verdes de la naturaleza, posee una gran fuerza plástica. Las semillas salvadas se agitan con virulencia bajo el viento, pero sin quebrarse, lo cual nos remite a la resiliencia castellana de campos y gentes, al espíritu zen del junco que resiste y hasta al título que usara Ken Loach para su drama bélico hispano, *El viento que agita la cebada* (2006). Todo son conexiones en una visión ubérrima, pero cáustica, de la existencia. La catarsis y el júbilo se dan la mano en una secuencia narrada con precisión, virtud a un excelente montaje.

Parece, precisamente, una constante en Delibes la cuestión de la crudeza de lo natural, de la necesidad de sostenernos en ella y de convivir con sus frutos sin agostarla.

Una de las cuestiones que más repite el Nini, y a veces también el Ratero, es: "*Déjala que críe*". Es decir, con las ratas, los conejos, la matanza o el cultivo conviene mantener el uso cinegético, por supuesto. Esto es, caza sí, pero no a cualquier precio. El aprovechamiento de los recursos naturales debe ejercerse, desde luego, pero respetando los ritmos, tiempos, ciclos y necesidades que el orden natural requiere. Ahora bien, el exceso de aprovechamiento supone un desequilibrio potencialmente aniquilador. Es decir, el instinto depredador mal aplicado se torna en el mayor peligro para la continuidad ecológica. Y son, precisamente, los personajes más "ilustrados" en lo que a la tierra y sus misterios se refiere, quienes entienden el precario equilibrio del orbe animal y vegetal. Es el Nini, cuyo saber emana de los mayores del lugar, como el Centenario, y de su observación directa, atenta y sensible de la realidad, quien mejor advierte de la obligación moral de hacer un uso justo de los tesoros que la tierra y el horizonte ofrecen. Lo contrario sería esquilmar lo que la fuerza del suelo, del cielo y de las aguas producen. Es algo parecido a lo que podríamos llamar hoy un ecologismo clásico, de cuño tradicional, que permite el sostenimiento del sistema, siempre y cuando no se abuse de él. Es el mantra conocido de hacer buen uso y no abuso. Pero no acaban ahí los adelantos intuitivos que ya pergeñaba Delibes. Él era, a pesar de lo que se pueda pensar hoy, un escritor incómodo. Más aún contra el poder establecido, pues en su literatura imprime un relato muy crítico con su contexto. Y lo hace, además, con el estilo de su prosa y la discreción hiriente del que huye de la alharaca. Ahora bien, sus críticas son diamantinas. Las metáforas que gasta escuecen en la retina del régimen nacional católico y en las de las beatonas, entre muchas otras gentes. No obstante, su fiereza en la reflexión punzante sobre la realidad política, social y agraria se encauza empastada con la sugerencia, a veces no demasiado oculta, pero desde luego sí muy elaborada. La alquimia de superar las limitaciones impuestas por la censura franquista no es un Rubicón fácil de cruzar. Hacen falta tablas literarias y mil caminos trazados en la mente y en las letras para lograrlo.

Es conocido el mal lugar en el que deja al gobernador civil, pero no acaba ahí la cosa. La beatería mal entendida, las humillaciones de la hija del Centenario cuando quiere adentrarse en el mundo espiritual o los tupidos velos que corre el cura nuevo, que arregla maltratos severos con un Ave María, son crueldades aceptadas que dicen mucho de la sociedad que las alienta. Delibes se convierte en cronista más que de realidades, de esencias del sentir castellano. Lo que parece costumbrista es, en realidad, crítica de tapadillo, pero salvaje. Del mismo modo, la finura del texto de Delibes, vestida de vacío arquitectónico y de campo en el filme de Giménez-Rico, apunta la simiente enfermiza de algo que sufrimos en la actualidad. Y me estoy refiriendo al punto de partida del éxodo rural. El lenguaje poético, ese decir sin decir, obliga a no ser evidente, pero el pueblo de *Las Ratas*, y su vecino Torrecillórigo, son un microcosmos en proceso de descomposición. El desarrollismo franquista, *tour de force* para modernizar un país eminentemente agrícola, se inicia en los años 60 con los famosos planes de desarrollo. Desde casi una década antes se venía produciendo ese lento destilar de población rural hacia las urbes. A buen seguro, de aquellos barros, surgen los lodos del vacío rural secular que hoy sufrimos y que tan bien glosó Sergio del Molino en su *España Vacía* (Editorial Turner, 2016). Madrid, Barcelona, Bilbao y algunas otras ciudades sufrieron la llegada de mareas de pobladores campesinos buscando la panacea de la prosperidad. Lo cierto es que tanto desencanto aguardaba en las urbes desclasadas como en los campos eternos de Castilla. Quizá uno de los mejores ejemplos de ese descreimiento severo se mostró en *Surcos*, filme de Nieves Conde estrenado en 1951, que narra las desventuras de unos campesinos en su asalto a los cielos de la gran ciudad. Y todo ello también subyace en *Las Ratas*. La mujer de Justito, el alcalde de nuestro pueblo de marras, por citar un caso, así lo deja traslucir en cada palabra que lanza. Ella desea, por encima de todo, abandonar aquellos predios y prosperar en otro lugar.

Si los pueblos de esa Castilla eterna, y de otras latitudes, contaban desde finales del siglo XIX con la figura del cronista oficial, éste no es ni mucho menos el caso de Delibes. Él no hace una historia al uso. Es más bien un cronista lírico, que describe no tanto los hechos como los sentires profundos del pueblo, personalizados en tal o cual personaje alegórico de un tipo de perfil muy concreto e identificable. Es el autor netamente literario que busca ir más a allá de lo que los caminos de la siempre fértil Clío pueden ofrecer. En la obra de nuestro autor vive el anhelo antropológico, la búsqueda mística del alma de un territorio y la deriva existencial del escritor inconformista. Y que, a pesar de todo lo dicho, vive apegado a la tierra, pero con la cabeza y los sueños por encima de esas nubes que, en raras ocasiones, amenazan la cosecha.

Sobre niños salvajes y sabios

El Nini, vórtice sobre que el que bascula todo el universo rural delibesiano de *Las Ratas*, es un niño salvaje y sabio por diversas razones. Para empezar, el tema de su procedencia queda en un misterio, tanto por la locura poética de su madre como por su parentesco con el Ratero. Del mismo modo, el hecho de la ausencia de la madre y de una estructura familiar estable, unida a que vive literalmente en una cueva, pueden entroncar con aquella imagen del niño salvaje que tan popular fuera en la literatura y en las mentalidades desde el siglo XVIII. De hecho, la imagen de un infante abandonado en medio de la montaña o la selva, y criado por lobos, ha sido fértil en la tradición del imaginario popular, pero también en los hechos. Fueron varios los autores que, partiendo del niño salvaje de Aveyron encontrado en Francia en 1797, desarrollaron obras artísticas de muy diverso pelaje. Por un lado, podríamos citar en el audiovisual a la figura totémica de François Truffaut. El creador galo hace esta historia suya y se basa en ella para, en realidad, contar su periplo personal. El filme en cuestión es *El pequeño salvaje* (1970). No en vano, la obra del director francés está jalonada de elementos personales, espejos autoficcionales y ejercicios de introspección. No puedo ni quiero pasar página sin detenerme en territorios cercanos, como el del Tarzán de Greystok, niño criado por los monos en la selva e incapaz de adaptarse a la vida en sociedad. Desde Johnny Weissmüller, e incluso antes, hasta Christopher Lambert, no fueron pocos los que vistieron el taparrabos más célebre de la gran pantalla. No obstante, el drama real de esa inadaptación, suplido normalmente por una aventura de corte exótico, aparece poco. Quiero quedarme de entre la enormidad de filmes de aventuras, silentes y sonoros, que existen sobre Tarzán, con *Greystoke, la leyenda de Tarzán, el rey de los monos* (Hugh Hudson, 1984). Este drama protagonizado por el citado Christopher Lambert y Andie MacDowell profundiza en la dicotomía entre salvajismo primigenio y convención social. Realmente, el personaje creado por Edgar Rice Burroughs podría haberse convertido en un filón para la reflexión filosófica.

Este tema inagotable también ha sido abordado más recientemente por el cine patrio. En concreto, Gerardo Olivares estrenó en 2010 el filme *Entre Lobos*, cuyo papel central corría a cargo de Juan José Ballesta. La cinta narra la historia real de Marcos Rodríguez Pantoja, uno de los pocos casos documentados en España de "niños salvajes". Se trata de un chaval criado entre lobos en la posguerra española en la zona de Sierra Morena. Se da la casualidad de que Marcos llegó a vivir en una cueva, como el Nini, antes de quedar solo en el campo. Sus padres lo habían vendido a un cabrero y, tras la muerte de éste, convivió largos años únicamente con animales. Algunos medios lo bautizaron como "el hijo de los lobos". De igual manera, y dando un salto en el tiempo y en el formato, cabe destacar la novela breve *El pequeño salvaje* de T. C. Boyle (Editorial Impedimenta, 2012). En ella, el escritor norteamericano recoge con ternura y brillantez literaria los mimbres de esta misma figura, pero de la citada del niño salvaje francés de Aveyron. El mito es tan universal que cualquier latitud se deja seducir por él. Así, el premio Nobel de literatura Rudyard Kilping lo concretó en algunos de los relatos de *El libro de la selva* (1894), cuyo protagonista, o al menos de muchos de los relatos, Mowgli, responde a estos mismos parámetros. Se trata de un bebé perdido en lo profundo de la India cuando sus padres son atacados por un tremendo tigre de bengala. A partir de entonces, una manada de lobos lo acoge en su cueva y se convierte en uno más de la comunidad animal.

El Nini es un personaje protagónico, pero muy difícil de representar, pues no hay en toda la novela de Delibes ni una sola referencia física a sus características. Es, verdaderamente, un reto intentar llevarlo al celuloide. Aun así, el retrato que compone Giménez-Rico es fiel al espíritu del personaje, pero no podemos saber si lo es a la figura mental que el escritor pergeñase. De lo que no cabe duda, es que comparte ciertos rasgos contradictorios con el mito del niño salvaje. Por ejemplo, su destete prematuro por desgracias varias, los rasgos que lo hacen más de campo que de ciudad, la falta de adaptación al sino de los nuevos tiempos... De hecho, en un momento dado Doña Resu, Susi Sánchez en la ficción, quiere escolarizarlo. Ve en él ciertas "luces naturales" y siente un deseo imparable de control de sus vecinos. Ella misma, y Delibes, apuntan que el Nini tiene una visión extraordinaria de las cosas. El chaval le dice que él no sabe de "cosas inventadas", refiriéndose a todo aquello de aires tecnológicos y construido por el hombre, poniendo como ejemplo lo poco que entiende del motor de explosión de un coche. Sin embargo, las criaturas del campo, los frutos de la tierra, y hasta las gentes de aquel páramo no tienen secretos para él. Delibes deja claro, y el filme también, que existe una dicotomía profunda entre el conocimiento de la tierra, de lo natural y lo que de novedoso y tecnológico se producen en la sociedad. No podríamos tildar el espíritu del autor de jacobino anti evolutivo, pero sí de una cierta complacencia crítica en la tradición y lo secular. La postura del escritor es la del hombre fascinado por el campo y por unas maneras que están condenadas, ya desde hace tiempo a desaparecer. Precisamente en torno a ese proceso inevitable e intangible es sobre el que se coloca la mirada de Delibes.

Dicho todo esto, hay que concretar que si el Nini es salvaje no se trata tanto por lo que le identifica literalmente con aquel mito, sino porque es un niño sabio. Todo lo conoce y eso lo convierte en referente para sus paisanos. Es más, el rapaz no lo cuenta, pero él ha presenciado, y sobre todo sentido, la maravilla de la naturaleza. De hecho, esto entronca directamente con el asunto señalado del ecologismo de corte tradicional, en el que el amor por la tierra se superpone a todo lo demás. Frente a él, y quizá su némesis, se halla el personaje de Matías Celemín, interpretado por Joaquín Hinojosa con una contundente malicia. "El Furtivo", pues así le llaman todos en aquel universo de motes bien puestos, es exactamente eso, el que se salta las reglas más elementales de respeto al medio ambiente. *El furtivo* caza cuando no es época, impidiendo aquel mantra atávico y ecologizante de "*Déjalas que crien*". Además, representa metafóricamente el desprecio por todo lo natural y sus seres, aunque viva de ellos. El Nini se afana, siempre que puede, en levantarle sus trampas, cepos y mecanismos ilegales para fastidiar sus presas. En definitiva, quiere entorpecer un modo de vida dañino con el entorno y las estructuras básicas de la naturaleza que él tan bien entiende y protege.

En este sentido, y como colofón de lo apuntado, hay un pasaje especialmente emotivo y, a la par, doloroso. Es el que podríamos llamar el "Affaire raposo". El Nini, tras saber que el Furtivo ha descabezado una familia de zorros, se lleva a casa a una cría superviviente. Y, contra todo pronóstico, comienza a criarla junto al Ratero. Aquí hay una nueva vuelta de tuerca al mito del niño salvaje. Si estos, como el francés o Mowgli, son criados junto a animales como los lobos, en este caso, es la raposa la que se cuida en el entorno de la cueva y de la extraña familia del protagonista de la narración. Es, en definitiva, una suerte de familia nueva en la que se integran de manera orgánica lo animal y lo humano. Es más, los otros habitantes del pueblo, como el Justito, el alcalde, empeñado en desalojar a los rateros de la cueva, se sorprenden al descubrir la simbiosis de ambas especies. No es tanto verlos convivir, es como si unos y otros hubieran intercambiado sus roles traspasando algún tipo de frontera prohibida.

La relación entre el niño, su perra avejentada Fa y el zorrito despierta los más básicos elementos de la sugerencia emocional. El rapaz convertido en padre/madre sustituto del animal, la capacidad de amar en aquel entorno hostil, aunque de una gran belleza plástica, la posibilidad cierta de aunar lo natural y lo humano, si es que alguna vez debieron estar separados. La normalización de ciertas situaciones es una forma de lirismo contenido, y a la par cortante, en Delibes. Hay en los pasajes de la novela una emoción honda en cómo todo ello se hace posible. Máxime aún, cuando el zorro consigue conservar cierta autonomía entrando y saliendo de la cueva a su antojo. Esas idas y venidas serán las que aproveche el Furtivo para hacerse con la pieza y vender sus pieles jóvenes y valiosas. Aunque a nadie se le escapa que el motivo último es herir al chaval sabio donde más le duele. En la adaptación fílmica se narran también estas escenas, pero en ellas ha sido hurtada una parte de la sensibilidad total del asunto. El montaje no demasiado prolongado, la ausencia de una música poderosa que ejerza de catalizador emocional y la focalización en otros sucesos del pueblo impiden que estos pasajes audiovisuales galvanicen en el espectador.

Castilla, eterna y simbólica

Decía Ortega y Gasset que España es esa cosa hecha por Castilla. El mismo Delibes ha escrito que "Castilla es una historia épica y laboriosa, una fuerza atractiva, aglutinadora en la unidad del país" en su obra *Castilla, lo castellano y los castellanos* (Planeta, 1979). Sobre la fiereza de la idiosincrasia, altivez, calado y rotundidad simbólica de las tierras de Castilla se han vertido océanos de tinta. No sólo en lo referente a las Comunidades, iniciadas en 1520, sino también en cuanto a la crisis del 98 y al sentir crítico de lo español. Ángel Ganivet, Nicolás Salmerón o Antonio Machado bien se ocuparon de ello. Parece que nada de lo que sucede en la piel de toro le es ajeno a ese eje vertebrador que podría ser la tierra de los castillos. Quizá, una de las razones es que históricamente fue mucho más amplia de lo que hoy entendemos, llegando en tiempos medievales desde el Cantábrico hasta Despeñaperros y más allá. No en vano, fue el peculio castellano el que financió la reconquista y repoblación del Valle del Guadalquivir, con Fernando III El Santo a la cabeza. La toma de Granada se engendró, igualmente, como una apuesta castellana, Isabel la Católica mediante. Pero sin entrar directamente en diatribas históricas, hay un sinfín de significados en *Las Ratas* sobre lo que Castilla supone.

Delibes recoge, pues, una tradición larga y fértil sobre el latido esencialista de lo castellano, aportando su visión particular y universal sobre el tema. Por un lado, la ubicación de la acción narrativa de *Las Ratas* responde, como señalábamos con anterioridad, a cualquier espacio castellano. No obstante, y lejos de veleidades acomodaticias, y hasta laudatorias, el autor se centra en la contradicción para hablar de su tierra. Abunda así en esencias ya señaladas, como su carácter áspero, de difícil encaje en cuños impuestos. Del mismo modo, su pensamiento se instala en lares complejos y poco dados a suscribir las tesis adocenantes de lo ideológico. Hoy en día, independientemente de que se le considere tradicionalista o conservador, debemos atisbar que fue un pensador libre y fiel a sus obsesiones.

Una de las principales cuestiones que llama la atención de Delibes, tanto en la novela como en el filme de Giménez-Rico, es la idea de que Castilla, lejos de enseñorearse como fortaleza interna, pierde su sentido en la voz de los personajes. Los hombres y mujeres sometidos a la crudeza del terruño, de las inclemencias del tiempo, de la fragilidad de la cosecha, sienten más bien aquel espacio como cárcel. Es decir, el desarrollismo y el avance tecnológico, concretado en un vehículo del que se habla en el filme, pero que nunca sale, y que sí tiene cierto papel en la novela, entablan una dialéctica peligrosa con la tradición del campo. Todo indica que buena parte de la población rural entiende que en la urbe la vida es más relajada en cuanto a las necesidades. Hay incluso una suerte de tremendismo hacia la vida en una comunidad pequeña que se deja ver por varias rendijas. Ya lo apunta el Centenario, interpretado por Ángel Terrón, cuando dice: "Castilla, nueve meses de invierno y tres

de infierno". Una de las reflexiones más recurrentes es la de las crueldades con las que unos y otros se regalan. No es que el mundo urbano
esté exento de violencia y de mal, no. Es más bien que existe una cosmo-
gonía determinada por los espacios, en la que se identifica la aldea con
el mal. Es la maldad profunda, telúrica, como ha recogido ampliamente
la literatura. Valgan obras como *Jarrapellejos* de Felipe Trigo o *Los Bravos*
de Fernández Santos como un botón de ello.

No obstante, los guardianes de las esencias, como el Nini y el Ratero, disfrutan con lo que de natural y tradicional tiene el campo. Para
ellos es la panacea, el *Beatus ille*, el *Shangri-La* donde permanecer felices.
De ahí su resistencia numantina a abandonar la cueva, a dejar la caza de
la rata, cada vez más escasa, o a aceptar todo aquello que proviene directamente de la construcción del hombre. Castilla es como un fuego
primigenio, un ardor que no cesa, entre la naturaleza y la mística, casi
al estilo de Val del Omar en su *Fuego en Castilla* (1960), pieza central del
Tríptico elemental de España.

De este modo, Delibes construye una imagen poliédrica de las he-
churas castellanas. Por un lado, se trata de mostrar las esencias, como la
caza menor, los campos de trigo y las rogativas al cielo demasiado azul
para enjugar las necesidades de una tierra doliente. Por el otro, la idea
de que el llano del centro peninsular es un desierto interior o, incluso
peor, una cárcel a la que liga la herencia y la pobreza. Ambos conceptos
pueden convivir en un pueblo tan orgulloso como consciente de la fragilidad de su existencia. En este sentido hay algo del *Desierto de los tártaros* (1940) de Dino Buzzati en el paisaje que pinta Delibes y que llevó muy
bien al cine el director de fotografía y cámara Teo Escamilla. El teniente
Drogo, protagonista de aquella novela y de su adaptación fílmica, lan-
guidece en la fortaleza alejada de todo oteando el horizonte en busca del
enemigo. Esa misma pulsión, cambiando enemigo por lluvia, late en los
corazones de los personajes de *Las Ratas*. El hastío existencial como
pauta de comportamiento es algo inherente a aquellos apegados a los

caprichos del clima, de la tierra y del cultivo. Ellos, los olvidados de la historia, conocen a la perfección esas sensaciones. No son pocas las veces en las que los castellanos aluden a la dureza de su horizonte. Por eso no son raras frases como: "La tierra es como la mujer de uno, te la pega con el primero que llega". Escupen entre la sequedad de su forma de ser que aquella tierra es un desierto, pero uno de ellos sabe que se esconde un tesoro en el corazón amarillo del terruño. El Nini, niño salvaje y sabio, es conocedor de que debajo de cada palmo de terreno late la viveza de un infinito mar de criaturas. Para él la sobriedad del páramo castellano es pura vida.

No obstante, y a pesar de todo lo señalado, Castilla es también el sujeto del cambio imposible en la mirada de Delibes. Es decir, guarda en su seno la semilla de la ilusión y de otro mundo alternativo. Hay, traslucidos en las miradas de los vecinos del pueblo, algo de ese anhelo eterno de cambio que todo el solar patrio atesora y que nunca, o casi nunca, se torna realidad. En Delibes serán las partidas repobladoras las que simbolicen ese sueño de una Castilla convertida en vergel, jardín tanto de los sueños como de las retrotopías que diría Zigmunt Bauman. El caso es que cada temporada llegan al pueblo unos forasteros traídos por la autoridad para sembrar de pinos el lugar. La mayor parte de esos arbolitos se agosta, se emborracha de sol y perece, dejando la impresión de que el clima es implacable. El deseo de transformación choca recurrentemente contra el muro de los condicionantes geográficos. Destaca, además, que tales ideas de mejora vegetal tengan sus orígenes en el mito de la ardilla, o el mono, que en tiempos remotos era capaz de cruzar la península de cabo a rabo, o de sur a norte, pasando de rama en rama. Hay mucho, como decíamos, de utopía inspirada en el pasado en la manera en la que se plantea tal reto. A pesar de ello, lo realmente llamativo es la metáfora de una tierra que se alimenta a sí misma del deseo de cambio, pero que, a la vez, está férreamente sujeta a la tradición y al tiempo perdido por sus características. Podría ser, sin duda, un trasunto de sus gentes, deseosas de ampliar el horizonte, pero encadenadas al suelo. Delibes no da puntada sin hilo y conoce al dedillo la máxima filosófica de Simon Weil, aquella que reza que para llegar a la verdad, si es que esto es posible, se transita por la contradicción. No es poco.

Ficha técnica

Título original: Las ratas; **Año:** 1997; **Duración:** 100 min.; **País:** España; **Dirección:** Antonio Giménez-Rico; **Guion:** Antonio Giménez- Rico; **Novela:** Miguel Delibes; **Reparto:** José Caride (El Ratero), Álvaro Monje (El Nini), Concha Gómez Conde (Señora Clo), Juan Jesús Valverde (Justo), Joaquín Hinojosa (Cazador Furtivo), José Conde (Luis), Susi Sánchez (Doña Resu), Ángel Terrón (Centenario), Jorge Merino (Malvino)... **Fotografía:** Teodoro Escamilla; **Género:** Drama, vida rural.

El camino
Primera adaptación, último reconocimiento

FERNANDO MARAÑÓN

Algunas coordenadas sobre la directora y el origen del proyecto

La película que recogió por primera vez el universo del Delibes más celebrado y célebre, el de la España rural con o sin cazadores, cobró vida en 1963 de la mano de una mujer pionera, inclasificable e incomprendida. La sencilla belleza –vital y natural– de la novela *El camino*, publicada al comienzo de la década anterior (1950) por don Miguel, despertó el interés de la actriz, productora y directora Ana Mariscal, figura atípica y reivindicable de nuestro cine.

Mariscal fue una actriz muy popular durante la década de los cuarenta y la de los cincuenta del pasado siglo XX. Cobró fama por protagonizar *Raza* (1942), la película de José Luis Sáenz de Heredia a partir de un argumento del propio Franco bajo pseudónimo (Jaime de Andrade), que cosechó un éxito notable en la España de aquel momento. Del grado de participación que tuvo el "generalísimo" en la escritura de semejante panfleto hay dudas y versiones diversas. No es que el guion resultase gran cosa, pero otros –profesionales avezados como el propio director y Antonio Román– debieron convertirlo en una eficaz herramienta del cine. Lo indubitable, en cambio, fue el protagonismo femenino de Mariscal en la cinta, algo que marcaría a la actriz para los restos.

Paradójicamente, el papel en *Raza* no le valió ningún favor del Régimen, siendo ella (como conservadora y creyente declarada), una estrella aparentemente idónea para convertirse en icono oficial. Por el contrario, los juicios, la censura y el boicot fueron la moneda más frecuente con la que los vencedores pagaron su afinidad ideológica, ensombrecida de independencia y heterodoxia.

Mariscal fundó su propia productora, Bosco Films, en compañía de su marido, el fotógrafo Valentín Javier y pudo, contra todo pronóstico, dirigir un buen puñado de películas. Entre tanto, se consolidaba año tras año, obra a obra, la prosa magnífica de un Miguel Delibes al que también estorbaron (sobre todo cuando dirigía *El Norte de Castilla*), pero que tuvo mejor suerte artística y, de paso, mucho más talento que ella. Hablaremos de eso luego.

Del papel a la pantalla

La novela *El camino* y su adaptación cinematográfica versan sobre el mismo asunto: la vida de un pequeño pueblo perdido en un valle del norte, unos años después de la Guerra Civil (apenas nombrada), con su cotidianeidad y sus miserias, una rica galería de personajes, anécdotas representativas de su idiosincrasia y aventuras de tres chavales entre 11 y 12 años, Daniel, Roque y Germán.

Daniel, apodado "el mochuelo" (11 años en la novela) es el indiscutible protagonista del relato. Casi todo lo que sucede le tiene a él por testigo o parte y lo que no (como los quebrantos de las beatonas y sus respectivos amoríos), le ha llegado evidentemente a través de los vecinos con los que más se codea. El lenguaje literario y el cinematográfico permiten por igual entender este conocimiento indirecto de ciertos hechos acontecidos en la aldea y expuestos al público, sea éste para el caso lector o espectador. En ambos, la narración arroja como resultado un doble retrato: el del chico, Daniel el mochuelo, y el del entorno rural que este jovencito se dispone a abandonar en el primer tren de la mañana desde que comienza la historia.

El padre de Daniel, quesero del pueblo, le va a mandar a la ciudad a estudiar para que progrese, lo que permite al narrador, ya sea novelista o cineasta, hacer balance de aquellos últimos días de infancia en el pueblo, de sus quehaceres, diversiones y vecinos, aportando al conflicto del joven un rico fresco social encapsulado en el interior del valle. Desde tal premisa (los últimos días de "El mochuelo" en su aldea), la narración cinematográfica se arrima al texto de Delibes para extraer de él una estructura en escenas que evocan un tiempo indeterminado de preadolescencia. Da igual que Delibes emplee un encadenado de flashbacks y Mariscal una narración casi lineal (al llevar algo más atrás en el tiempo la representación del deseo del padre). Ambos pueden mostrar todo lo que el pueblo ofrece de interés humano, sociológico, costumbrista y vital.

Destaca sobre lo demás un elemento negativo cargado de comicidad por la vía del ridículo. Hablamos del celo beato de las apodadas "Guindillas", unas hermanas solteronas que regentan la mejor tienda de la localidad. A la Guindilla mediana no llegaremos a conocerla, apenas tiene papel en la novela y ninguno en pantalla. Pero sí y muy especialmente a la Guindilla mayor, encarnada para la película por la inmejorable elección de Julia Caba Alba. Este personaje presiona en pro de la moral pueblerina a machamartillo y contra la natural tendencia de los mozos y mozas del pueblo a achucharse los domingos por los rincones ocultos del valle. Aunque tanto la Guindilla mayor como la llamada menor acabarán sucumbiendo a las debilidades que tanto detestan, una fugándose con un joven empleado de banca que va tras su dinero, otra enamorándose de Quino, "el manco".

La omnipresencia de las Guindillas en la vida del valle permite volcar la mirada sobre otros personajes relevantes. Enseguida toparemos con la cordialidad y el temple del susodicho Quino, dueño de una humilde tasca y padre viudo de "Uca", la niña pecosa de rubias trenzas, enamorada de Daniel.

También destacará el, para Daniel, admirable herrero (padre de su amigo Roque), un tipo fuerte como un toro y aficionado al vino, duro pero entrañable. La primera vez que le vemos en la película, trabajando en su fragua, comparte presencia positiva con el sufrido párroco don José (que en las páginas de Delibes se nombra siempre añadiendo "que era un gran santo"). Gran personaje en ambos formatos, novela y cine, el de don José, interpretado en pantalla por Joaquín Roa; un viejo cura debatiéndose entre las intransigencias de sus feligresas más preminentes, la moral imperante aplicada en los sermones y el sentido común de su distancia corta.

El maestro, don Moisés (estupendo José Orjas en la película de Mariscal), se muestra como un pobre diablo de boca torcida, extraños tics y desgastado traje, que regala momentos de comicidad y patetismo a partes iguales, en la novela y en pantalla, especialmente cuando los niños le arreglan un noviazgo con Sara, la brutísima hermana mayor de Roque.

Se reserva un espacio, más anecdótico, para el padre de Germán (tercer muchachito del grupo). Este hombrecillo (Andrés, "el hombre que de perfil no se le ve"), forma parte de los pueblerinos adultos como humilde zapatero apenas esbozado en su afición a las pantorrillas de las mujeres.

No podemos olvidar –Daniel no nos lo perdonaría–, la presencia bella, seductora e inalcanzable de Mica (Mari Paz Pondal), la joven hija del indiano, la que "tiene cutis", finca con manzanos, coche descapotable y, por desgracia, novio.

Sobre todos estos personajes, claro, brillan Daniel, Roque y Germán (el mochuelo, el moñigo y el tiñoso), tres críos que zascandilean por el pueblo y sus alrededores haciendo lo que les toca: buscar nidos, bañarse en el río, resistir castigos escolares y dudas existenciales, probar su hombría, hacer trastadas, enamorarse sin esperanza… no tener interés alguno en crecer ni en progresar.

La galería completa de tipos asoma a la pantalla, en un conjunto de escenas ordenadas con inteligencia, para ofrecer un cine bien hecho, medido y solvente, aunque no genial. Por una parte, el listón colocado por Delibes está altísimo y, por otra, la producción de la película avanzaría plagada de dificultades que forzosamente iban a repercutir en su resultado; valioso, sin embargo, dadas las circunstancias.

El arduo camino

Mariscal tenía su propia productora (Bosco films) y había dirigido siete películas antes de ésta, incluyendo la notable *Segundo López, aventurero urbano* (1953) y la irregular pero interesante *Con la vida hicieron fuego* (1959).

Para adaptar *El camino* de Delibes al cine, pudo reunir a un reparto amplio y ajustado: desde los ya mencionados y veteranísimos José Orjas (haciendo del maestro) o Joaquín Roa (el cura párroco), hasta los niños José Antonio Mejías (Daniel), Ángel Díaz (Roque) y Jesús Crespo (Germán), que están maravillosos. Como curiosidad, el papel de Uca (la mocosa amiga de Daniel), lo encarna con mucho encanto Maribel Martín, quien veinte años después actuará en *Los santos inocentes* (Mario Camus, 1984), basada en otra obra de Delibes y producida por ella misma y Julián Mateos.

Los importantes personajes de las Guindillas (la mayor y la menor), estarían a cargo de las adecuadísimas Julia Caba Alba y Maruchi Fresno. Ellas dotan de comicidad o melancolía a esas tenderas beatas, que luchan con similar ahínco contra el pecado ajeno y la soltería propia. También contó Mariscal, en el papel del zapatero padre de Germán, con Xan das Bolas y para el padre herrero de Roque con el gran actor de doblaje Rafael Luis Calvo (de ahí que, desde la distancia, nos parezca doblado con la voz de Gregory Peck, cuando en realidad actúa con la propia, la misma que le prestaba al norteamericano). Podríamos añadir al reparto nombres tan reputados como el de Asunción Balaguer, Antonio Casas, María Isbert, José Sepúlveda y hasta Juan Luis Galiardo, haciendo prácticamente de apuesto meritorio, como novio de la Mica con media frase.

En resumen, lo que en tiempos se llamaba un reparto "de campanillas". Desde su primera incursión como directora, Mariscal había enrolado en sus rodajes a mucho y bueno de la profesión, sin necesidad de recurrir a los intérpretes más cotizados del momento. Por ahí contaba con una ventaja para producir (no tanto para comercializar).

La película se rodó en el pueblo de Candeleda (Ávila), aunque la novela de Delibes remite claramente a Molledo (Cantabria). El cambio, en términos de naturaleza, no es pequeño, pero al tratarse de una historia universal de iniciación en un paraje poco permeable al progreso del mundo, ambos enclaves valen para trazar el camino de Daniel hacia la estación y el tren que le sacará de allí.

Valentín Javier era marido, socio y responsable de la fotografía en la totalidad de películas dirigidas por Ana Mariscal; es decir, que le conocía las intenciones y los gustos desde mucho a tiempo atrás. Por otra parte, su labor como fotógrafo convencional le vinculaba también desde antiguo a la potente naturaleza española y a los rostros curtidos de la posguerra. Ambos temas se adecuan a la tarea de fotografiar la película. De hecho, esta versión cinematográfica de *El camino* comienza con la voz en off de Mariscal sobre fotos fijas del entorno pueblerino y campestre en el que se enmarcará la historia.

En un proyecto con recursos tan escasos resulta difícil delimitar qué decisiones estéticas son deliberadas y en cuáles se hace de la necesidad virtud. Pero lo cierto es que esta colección de estampas paisajísticas realizadas en foto fija produce un efecto original, más memorístico que la imagen en movimiento, y menos melancólico. Apenas introduce el montador un inserto filmado de Daniel en la ventana de su casa. Sólo esos segundos de película interrumpen el encadenado de imágenes estáticas, antes de que volvamos a ver al muchacho desvistiéndose en su alcoba, mientras pone atención a lo que hablan sus padres en el piso de abajo: cosas del progreso, el vientre "seco" de la esposa, la esclavitud de hacer quesos que el padre no desea para el hijo.

Algunas imágenes insertadas en momentos de la película que suceden más adelante llaman mucho la atención. Esta vez sí lo hacen claramente por la falta de presupuesto. Se trata de algunos fotogramas de los que yo llamo "robados", que el montador extrae entre celuloides de otros productos con distintas texturas y reutiliza en la película. Son empalmes de material ajeno sobre lo expresamente filmado, para mostrar una cigüeña en vuelo y un tren llegando a gran velocidad. La producción no se puede permitir el rodaje de estos planos recurso y los caza de donde convenga y pueda. Igualmente, recurre a películas anteriores de la propia directora para armar las escenas del cine del pueblo, porque no le darán problemas de derechos. Es fácil reconocerla en las proyecciones impulsadas por el cura y las beatas. Estos programan cine "piadoso" con la idea de sacar a las parejas del monte y solo consiguen que los jóvenes se den el lote en la oscuridad de la sala. Las anteriores películas de la directora cubren tales momentos, los pocos en que se necesita "cine dentro del cine". Bosco films va corta de dinero, pero no de imaginación y archivo.

La banda sonora, si ceñimos esa disciplina a la música empleada en la película (por supuesto, es mucho más), corre a cargo del pianista, director de orquesta y compositor Gerardo Gombau. Éste arrastra tras de

sí todos los instrumentos necesarios para sus melodías y puede dirigir-
los personalmente. Así se hace, pero el tema principal se reserva a los
créditos y lo demás queda en un acompañamiento sutil de la chiquillería
que vaga por el pueblo o su término, y unas pocas escenas que conviene
resaltar por su significación o dramatismo: Daniel con Uca cruzando la
inocencia del paisaje, el regreso en derrota de la deshonrada Guindilla
menor, el cómico experimento solar sobre el pelo del gato, el enamora-
miento de la otra Guindilla hacia Quino el manco, un toque de piano en
clave de jazz para la sofisticada Mica en su descapotable y su piscina, la
ascensión heroica por la cucaña, el accidente mortal de Germán.

Es indudablemente otro tiempo de cine, primeros 60 y en España.
Por descontado, la música se utiliza con cierta austeridad. Sin embargo,
la de Gombau parece ajustarse a los mínimos de la producción. Sin dejar
de ser razonablemente adecuada, carece de esa intencionalidad plena
que recorre una película cuando la poesía visual es el objetivo. Hoy por
hoy se abusa de la manipulación emocional que permite la música del
cine, pero en El camino su empleo es casi cicatero y lastra la consecución
de ese aliento delibesiano infalible sobre la infancia, la aldea y su paisaje.

En cuanto a la edición de lo rodado, más allá de los fotogramas aje-
nos a los que obliga el presupuesto y que desentonan solo unos pocos
segundos, el montaje de Juan Pisón pide a gritos más planos recurso entre escenas. Planos que puedan acompañarse de música envolvente, ge-
neradora de naturalismo y melancolía. Eso sí, la buena posición de cámara, ante una puesta en escena siempre exacta, permite a Pisón enca-
denar sin sobresaltos, ofreciendo un resultado comprensible, dinámico
y dignísimo. No en balde, Pisón es el responsable de montaje en copro-
ducciones italianas protagonizadas por Totó como Lady Doctor (Camillo
Mastrocinque, 1958) o Contrabando en Nápoles (Lucio Fulci, 1959), y también de Tenemos 18 años (la primera película dirigida por Jess Franco, en

1959). Sabe bien lo que se hace y cómo rentabilizar al máximo el material disponible. Seguramente *El camino* sea su mejor trabajo, porque después encadenará spaghetti westerns y serie B de todo género.

Mariscal rueda a toda máquina cuantas secuencias y planos puede, bien elegidos, bien escritos, bien interpretados, bien fotografiados. Pero algo difícil de capturar, incluso con otro presupuesto, se materializa solo en algunos momentos de la película: la Guindilla y su linterna fiscalizadora, el pájaro en el ataúd, la petición final de Daniel a la niña Uca.

Para colmo, la censura la acogota y la distribución condena a una película que termina con la muerte de un niño. "Eso no vende". Y ésta se estrena apenas en el pueblo donde se ha rodado y algunos próximos. Tendrán que pasar bastantes años para que otra directora, Josefina Molina, lleve este mismo texto a la televisión. La fórmula catódica de la época, cuando TVE no compite con nadie y el horario de máxima audiencia es el de toda la audiencia, le brindan a la serie televisiva la suerte que *El camino* de Mariscal no tuvo en cine.

El camino del cine, el camino de la televisión

Resulta curioso observar cómo el trabajo más personal y logrado de Mariscal es, al mismo tiempo, de una fidelidad al libro que pocas veces se da en el mundo de las adaptaciones literarias al lenguaje cinematográfico. Siendo también productora y responsable del guión, su relectura de *El camino*, en colaboración con el guionista debutante José Zamit y los criterios del propio Delibes, es muy precisa y completa. Sólo deja fuera de la narración en pantalla un suceso de gran dramatismo visual: el suicidio de la Josefa tirándose desnuda al río. Eso es algo que la censura iba a prohibir con toda seguridad, hasta si vestía a Josefa para la ocasión. Sacrifica, además, una historia pequeña pero sustanciosa (no sólo visualmente, sino en la relación de Daniel con su padre), relativa a la caza que emplea como reclamo a un búho real (el "Gran Duque").

La boda de Quino el manco y la Guindilla (indiscutible líder de las beatas del pueblo), que en la novela acontece y provoca la huida y búsqueda de la pequeña Uca, queda también fuera de campo, pero no es imprescindible para la comprensión del conjunto y el doble retrato Daniel-valle.

Más allá de estas omisiones, que podrían considerarse significativas, lo demás son detalles bastante menores que desaconsejan la puesta en escena y los límites del metraje o que se descartan con habilidad por imposición del presupuesto.

Curiosamente, son estas renuncias de la primera adaptación fílmica las que marcan la diferencia ente cine y televisión. Si recordamos la miniserie rodada en color para TVE casi quince años después por Josefina Molina (coguionista también de su trabajo, como Mariscal lo fue del suyo), se diría que el formato televisivo obtiene personalidad de rescatar los momentos del texto de Delibes que Mariscal sacrificó en su largometraje: las distintas demostraciones de fuerza de Roque, las cicatrices infantiles (que permiten mencionar mínimamente nuestra guerra civil), la madre tísica de Uca, la peripecia cinegética de padre e hijo con el "Gran Duque", el suicidio de la Josefa mientras Quino y la madre de Uca celebraban su boda. Una boda ésta, por cierto, bastante elaborada en la versión televisiva, con banquete, baile y canto atávico.

Mariscal acierta en obviar esta "subtrama", que requiere de muchos minutos y descompensaría su película. En cambio, no es tan buena decisión la de prescindir del pasaje más afín al universo popular del novelista, el de la caza. Y es que casi es tan difícil representar el universo de Delibes sin monterías o cazadores solitarios como hacer balance bibliográfico de Antonio Escohotado sin mencionar las drogas. Porque, en lo relativo a la caza, no hablamos solo de un tema literario recurrente en el autor, sino de una cualidad vital que en gran medida lo define.

La serie televisiva, aunque falla en muchas elecciones de su reparto (sobre todo en los niños) y en el tono, incapaz de equilibrar en su costumbrismo el drama y la comedia, cuenta con una ventaja de la que intenta sacar partido: su metraje estirado en cinco episodios. Eso le permite incluso recoger la boda de la Guindilla, la fuga de Uca y la reprimenda de su madrastra. Sin embargo, la serie renuncia a un pasaje de la novela de enorme significación y gran espectacularidad, bien resuelto en el largometraje de Mariscal: la subida de Daniel el mochuelo por la cucaña durante las fiestas de la patrona. Este momento estelar de Daniel le redime ante los muchachos que no han participado en el coro "de las voces puras" que aderezó la misa de la festividad pueblerina. Y algo que es para el chico mucho más importante: obtiene por su hazaña la admiración de todo el pueblo ante la Mica con novio.

En todo caso, lo verdaderamente revelador al comparar la traslación cinematográfica y la televisiva del texto, son las coincidencias, es decir, lo que ambos guiones consideran mollar de la novela, en personajes, escenas y diálogos. En este sentido, ambas adaptaciones arrancan mediante voz en off con las primeras frases de la novela (de forma literal en la serie, reformuladas en la película) y representan enseguida la escena de los queseros discutiendo el futuro de su hijo, espiados por éste antes de acostarse y recordar.

Ambas versiones inciden también en la cómica y furibunda beatería de la Guindilla mayor (Julia Caba Alba en la de Mariscal, Amparo Baró en la de Molina); mantienen el importante papel del cura y del maestro (que junto a la fanática religiosa parecen componer casi al completo las "fuerzas vivas" del pueblo); dan un carácter bastante instrumental a los queseros (aunque el padre muestre en la serie sus cualidades cazadoras), subliman el encanto de la Mica, recogen los sucesivos amores de las Guindillas.

Las dos versiones de *El camino* también se detienen en las gamberradas infantiles, en especial la de quemar al gato de la Guindilla con la lupa, la de cagar en el túnel al paso del tren y la de trastear en casa del indiano. Ya sea curioseando en el coche descapotable o robando manzanas, se trata de un momento imprescindible para que les sorprenda y reprenda cariñosamente la Mica, bella hija del rico del pueblo. También comparecen en pantalla las intuitivas maniobras como casamenteros de Daniel y Roque hacia Sara (hermana del segundo) y el maestro don Moisés. En esta anécdota, la serie llega hasta el final, cuando Sara le pregunta a su hermano si ejerció como cupido.

Ambas versiones recogen además la historia del cine de pueblo, que con películas piadosas pretende evitar las tentaciones de la carne en sus jóvenes, sin éxito, claro. Eso sí, la serie de TVE vuelve a demostrar más recursos, se permite hasta la utilización de un fragmento de *Recuerda* (Alfred Hitchcock, 1945). En cualquiera de sus variantes, es éste un pasaje que parece inspirar la triste censura del cine Paradiso en la película italiana muy posterior así titulada (*Cinema Paradiso*, Giuseppe Tornatore, 1988). Son distintos los métodos de cada párroco para escamotear las escenas que consideran indecentes de proyectar en su pueblo, pero su fracaso en el combate contra las debilidades de la carne es el mismo.

El último tramo de la narración, tanto en la película de Mariscal como en la serie televisiva de Molina, está centrado en la fiesta de la aldea en honor de la patrona. Molina recoge, como Mariscal, el papelón del coro "de las voces puras" para la celebración sacra, pero acaba en uno de los sermones de don José en el que los feligreses cuentan las veces que dice "en realidad". Es la película de cine la que incluye la trascendental ascensión a la cucaña. Por supuesto, la sorpresiva muerte de Germán pondrá en ambos casos fin a la infancia de Daniel el mochuelo en el valle.

A efectos de diálogo, conviene además destacar que hay frases rescatadas del narrador literario por el procedimiento de hacérselas decir a algún personaje. Otras sencillamente cambian de una boca a otra para ganar en eficacia o economía narrativa. Pero más allá de esas diferencias y similitudes de contenido y la identidad plástica que otorga el uso del blanco y negro o el color, se imponen la elección del reparto y la coherencia de tono, en los que la película de cine gana de calle.

Donde ninguna de las dos adaptaciones filmadas de la novela consigue el pleno es en capturar la enorme emoción que recorre el texto. En eso, hasta la fecha, esta gran novela de Delibes sigue siendo inalcanzable.

Prosa poética versus poesía prosaica

Si hay un adjetivo que me viene a la cabeza de inmediato ante la contemplación de esta película es "correcta". Se trata de un cine solvente, bien hecho a pesar de los limitados recursos que se adivinan en pequeños detalles de la producción (por ejemplo, los "fotogramas robados" de la cigüeña y el tren). Mariscal, siempre escasa de financiación, se había convertido a estas alturas en una virtuosa de la composición del plano y su encuadre, eso se aprecia a cada paso en la película. Pero en una historia de niños que caminan hacia la edad adulta, de personaje rural que dejará su aldea para madurar en espacios desconocidos y hostiles a su natural estar en el mundo, *El camino* se queda algo corta en hálito poético, más aún si la comparamos con la novela, de prodigiosa belleza.

¡Qué bien le hubiera venido el color a este paisaje! Estoy pensando en directores de fotografía como el Hans Burmann de *Los santos inocentes* o el Javier Aguirresarobe de *El bosque animado*, por citar respectivamente otra adaptación a Delibes muy posterior y nuestra película rural más norteña (la que adapta al gallego Wenceslao Fernández Flores). Los citados Burmann y Aguirresarobe se cuentan entre los mejores directores de fotografía del continente en los últimos cincuenta años. Por su parte, Valentín Javier es un fotógrafo excelente, pero se bate en blanco y negro y a buen seguro con el tiempo en su contra, cuando iluminar es lo más engorroso y demorado del cine.

Aunque *El camino* en serie de televisión tiene el color como ventaja y la poesía sigue sin florecer. Pero ya hemos hablado de sus limitaciones en el reparto y en el tono. También lo tiene en el empleo de la música. Ese es, precisamente, el segundo factor que en la película de Mariscal matizaría enormemente la emoción, amplificándola en los momentos claves, acentuando la delicadeza de los intimistas: su banda sonora. La partitura de Gerardo Gombau es correcta, solvente como la película, pero si volvemos a los ejemplos antes nombrados (música de García Abril para *Los santos inocentes*, de José Nieto para *El bosque animado*), la diferencia en efectividad es muy notable.

Mariscal es una gran directora, que sabe encuadrar lo que debe, dominando perfectamente la puesta en escena interior y exterior. También dirige a los actores como sólo una actriz lo haría y desarrolla la trama con ritmo e inteligencia. Ambiente, actuación y desarrollo acumulan gran parte del mérito de una pieza cinematográfica. Pero ésta, que hoy se llama "audiovisual", debe entrar por el oído y por el ojo. Siempre lo ha hecho, hasta en el cine silente. Y eso pasa por la textura de la imagen y la banda sonora en música, pero también en naturaleza, en pueblo.

Delibes recoge como nadie las sensaciones que produce en sus personajes la luz, la bruma, el silbido del tren, el tañido de la campana y el golpeteo de la fragua, el caracoleo cristalino en las aguas del río, los traqueteos de los carros y motores, el bufar de las bestias, la chicharra contumaz de pájaros e insectos. Todo ese mundo sonoro necesita de una especial calidad técnica, contrastes habilidosos y, sobre todo, tiempo (el que este rodaje no tuvo). Además de una música que entre y salga cuando debe, con la melancolía, premonición, comicidad o cadencia que toque en cada secuencia del film.

Influye también la década y soy consciente de que reviso todas las posibilidades en retrospectiva. Mariscal hizo la mejor adaptación posible y una de las cuatro mejores películas basadas en obras delibesianas. Pero podemos abrir la mirada hacia films precedentes, coetáneos y posteriores en los que se aborda de distinta manera la relación del mundo preadolescente con el adulto, en escenarios rústicos o de arrabal. Descubriremos una tradición narrativa con fuentes diversas y desiguales, pero mayores logros.

Tradición narrativa

El personaje infantil madurando a la fuerza en un mundo de adultos que oscila entre la injusticia, la ilusión, la pobreza, la libertad, el descubrimiento o la negrura, se ha prestado en toda época y lugar a un cine magnético, que transita géneros como el drama, la aventura, la comedia y la denuncia.

A veces, esta clase de protagonista se gana al público por su tierna edad, como es el caso de Jackie Coogan en *El chico* (Chaplin, 1921), Enzo Staiola, de hijo del *Ladrón de bicicletas* (Vittorio De Sica, 1948) o Pablito Calvo en *Mi tío Jacinto* (Ladislao Vajda, 1956). El efecto de enfrentar el candor infantil con la versión de la vida en la que todo son estrecheces y miserias es demoledor, eficacísimo. Pero Daniel el mochuelo es un chaval algo más crecidito que además no está solo, tiene dos amigos con los que compartir inquietudes y formas de evasión. Se acerca más a la pareja de críos de *Los cuatrocientos golpes* (François Truffaut, 1959) antes de que Antoine Doinel pierda a su cómplice y huya hacia el mar.

Siguiendo con referentes del país vecino, el grupito de *El camino* está más próximo aún al pequeño ejército pueblerino de muchachos que libran *La guerra de los botones* (Yves Robert, 1963). Esta última, anterior pero muy cercana en el tiempo a la de Ana Mariscal, también parte de una popular novela, obviamente francesa, con idéntico título y escrita por el malogrado Louis Pergaud. Su adaptación cinematográfica ¡hasta comienza con un paisaje rural en foto fija!

Es más probable que Mariscal viera y disfrutara esta película de Yves Robert (rodada con muy bajo presupuesto, como la suya), que la que hiciera tiempo atrás Luis Buñuel en México, repleta de chicos pobres de diferentes edades. Esos no tienen la oportunidad de "progresar", ni alternativa aldeana que los arrope. La pandilla de jovencísimos delincuentes que hostigan sin descanso ni remordimiento la Ciudad de México en *Los olvidados* (Luis Buñuel, 1950), son demasiado "dickensianos a la buñuelesca manera" para establecer comparativa alguna con Daniel y sus amigos. Mariscal rechaza esas cotas de desesperanza. El mundo marginal de aquella obra maestra es demasiado seco, crudo y despiadado. Ni Mariscal ni Delibes pretenden llegar tan lejos en *El camino* (aunque cada cual por su lado ofrecerá antes o después otros retratos más descarnados de España).

También existe un grupo juvenil del cine de los años cincuenta que está geográficamente más cerca, aunque lo formen los veraneantes sin apuro de *Novio a la vista* (Luis García Berlanga, 1954), una comedia familiar herida de melancolía. Tienen en común la de Berlanga y la de Mariscal que capturan los momentos finales de esa dulce etapa de la vida: el último verano en el que los amigos de ambos sexos serán niños. A la chica del grupo le han buscado novio, como a Daniel un internado en el que progresar.

Según vemos, los ambientes en los que se desenvuelva el joven en formación son básicos, para narrar su historia en clave esperanzada, melancólica o de pura desesperación. Si, por ejemplo, nos detenemos en el joven Jacques Perrin de *La busca* (Angelino Fons, 1966), basada en la novela de Pio Baroja y estrenada pocos años después que *El camino*, el drama se enseñorea de la película inevitablemente, puesto que el personaje que llega del pueblo aterriza en el lumpen, con la hermosa Emma Penella de prostituta y desde ahí suma y sigue.

Saltaremos un par de décadas y acotaremos orígenes para quedarnos, con perdón de *Cuenta conmigo* (Rob Reiner, 1986), en el cine español. Se nos acaba el espacio y queremos rastrear influencias de *El camino* en algunas películas muy posteriores.

Una de ellas es en intención el reverso de la que ha llenado este capítulo. Observa a muchachos que podrían ser Daniel si le hubiera caído esa edad y circunstancia en la explosión de la Guerra Civil. Hablamos de los que pululan por *La lengua de las mariposas* (José Luis Cuerda, 1999). La película vuelca todo su encanto en la fértil relación entre un niño de escuela rural llamado Moncho y su maestro don Gregorio (de estilo opuesto a don Moisés). El adulto (un inmenso Fernando Fernán Gómez) transmite al chico (Manuel Lozano), su conocimiento del mundo, cuestionando con bonhomía verdades supuestamente inmutables que le costarán caro cuando llegue el momento del cainismo, las denuncias y los paseos. La película es tan hermosa y atinada durante tanto metraje que el abrupto y dramático final desentona a mi juicio hasta cuartear la credibilidad de lo que le da término.

Quizá Mariscal no carga demasiado las tintas en su "película de posguerra", pero eso que tantos le reprocharon es para mi su mayor acierto. La coherencia narrativa, sobre todo. Más aún cuando la novela originaria se atiene igualmente a ella. Yo debo estar en la línea de la directora en cuanto a priorizar una visión más amable, porque me quedo con *Secretos del corazón* (Montxo Armendáriz, 1997), como la heredera más evidente y hábil de ese espíritu bienintencionado sobre la infancia que destila *El camino*, sin renunciar por ello a las flaquezas y mentiras de los adultos. En esta película, el protagonista Javi (Andoni Erburu), tiene que desenvolverse en ese mundo de los mayores que no acaba de comprender y, no obstante, condiciona su futuro. Tampoco hay que dramatizar de más: son las maldiciones propias de la vida. A veces, son peores las del cine.

La película maldita

Delibes siempre lamentó que la primera adaptación de su obra tuviese tan mala suerte, puesto que, en su opinión y a pesar de algunas discrepancias con la directora, no merecía aquel entierro al que se sometió a la película apenas nacida.

Adaptando la primera obra mayor del novelista vallisoletano, Mariscal filmó el trabajo que consideraría siempre como aquel en que apenas había hecho concesiones. Es decir, el más personal (y el mejor). Ésta es una clasbe de apuesta que, cuando no se materializa en éxito, suele pagarse muy cara. Abundan las declaraciones de la cineasta que se resumen en: "eres libre de hacer lo que quieras, pero debes asumir las consecuencias". La realización de esta película y su posterior andadura son el más vivo ejemplo de semejante manera de entender la vida. Mariscal agotó el escaso presupuesto en hacerla, pero su estreno fue limitado y su vida comercial nula. Trató de ofrecerla entonces para programas dobles con otra película suya posterior y muy exitosa (*Los duendes de Andalucía*, 1966), pero las salas pasaron sólo la comedia musical que garantizaba taquilla. No hubo nada que hacer.

De pronto, al cabo de las décadas, se produce en 2018 el redescubrimiento de la figura de la directora por el documentalista e historiador norirlandés Mark Cousins en su alabadísima serie *Women make film*. Y en 2021 el Festival de Cine de Cannes incluye *El camino* en la sección de "Cannes Classics". Ambos hechos pertenecen a esa categoría que consigue despertar en España la atención sobre trabajos notables largo tiempo olvidados. Para el caso, esta película sepultada por el desinterés, la ignorancia, la intransigencia o el abandono.

Forzando el paralelismo con uno de los momentos culminantes en la historia de *El camino*, la puesta en pie por Mariscal de la película, prácticamente a pulso, fue para ella como trepar por la cucaña hasta su punta, pero sin premio. Aquí la Mica (el joven o nuevo cine español del momento), no solo no la felicitó con afecto y condescendencia, es que ni siquiera estaba mirando. La que hipócritamente se autodenomina "familia del cine" difícilmente iba a valorar un logro del que apenas tenía noticia o sobre el cual le llegaban ecos vagos y despectivos. El espectador y la industria españoles estaban entonces fascinados por los aguafuertes de Picazo (*La tía Tula,* 1964), y enseguida Saura (*La caza,* 1966). Mientras, a Mariscal, aun con niño muerto en el último rollo, le había salido una acuarela de tonos suaves. Supuestamente, por ausencia de crítica social o política.

En realidad, no ver el sentido crítico de la película solo puede obedecer al desconocimiento o al prejuicio. ¿Qué son entonces las corrosivas beatas, la credulidad milagrera, la amarga visión del quesero sobre lo que hace falta para progresar ("perras", es decir, dinero), las maneras del maestro bajo su traje raído, la rica "con cutis" y novio florero o el cotilleo general a costa de la honra del prójimo? Sin ponerse goyesca en las formas, Mariscal traza un retrato de España bastante gris, que sólo los niños pueden considerar amable hasta que alguno muere sorpresivamente para recordarnos la frecuente fatalidad que se cierne sobre los más humildes.

Pero la "familia" del cine las gasta así: repudió a la disidente considerándola franquista en el peor de los casos y, en el mejor, un verso demasiado libre o anticuado para los nuevos tiempos de laicismo y democracia. Una actitud que se fue fraguando mientras ella bregaba con películas que apenas daban beneficios. El cine nacional había cambiado y apostaba por mensajes y tonos bien distintos al suyo.

Hasta la década de los sesenta y su prometedora hornada de cineastas, la filmografía de nuestro país tiene como es lógico mucho relleno, propaganda, folclore y humor cañí (si bien se mira, no ha cambiado tanto). Hechas las pertinentes excepciones de Berlanga, Bardem, Vajda, Mur Oti o Nieves Conde, el nuestro es por entonces un cine entretenido y aseado que cumple su papel al estrenarse, pero al que, con el tiempo, por decirlo de un modo más coloquial, "se le ve el cartón". Le pasa hasta a varias películas del genial Edgar Neville. No es tan grave, a la mayoría de las que se ruedan y estrenan hoy les sucederá otro tanto.

En la década en la que se estrenó *El camino,* además de monjas motorizadas y musicales que aprovechan el tirón de Marisol, Rocío Dúrcal, Raphael y hasta Los bravos, también llegan a las salas, ganan premios (y, en muchos casos, hacen taquilla), un puñado de títulos que se han convertido en clásicos incontestables. Es decir, que envejecen admirablemente. Hablamos, claro, de *Viridiana, Plácido, El verdugo, La caza, La tía Tula*.

El camino hubiera podido apuntarse a este lote sin desentonar. Con su blanco y negro, su mirada amablemente burlona hacia ciertos tics de época, su desenlace dramático, su naturalismo... Pero sufrió, más que persecución (como la aplicada a Bardem), el ninguneo, que en estos casos es incluso peor. Ya lo decía Oscar Wilde: *que hablen de ti, aunque sea mal*. De esta película, estrenada en el pueblo del rodaje y poco más, se tardaría en hablar casi sesenta años.

* Nuestro agradecimiento a la Fundación Delibes y David García Rodríguez, hijo de Ana Mariscal, por la cesión de las imágenes del autor en Molledo y en el rodaje de El camino, así como de los fotogramas de la película.

Ficha técnica

Título original: "El camino"–**Año:** 1963 – **País:** España – **Directora:** Ana Mariscal – **Intérpretes:** José Antonio Mejías (Daniel), Jesús Crespo (Germán), Ángel Díaz (Roque), Maribel Martín (Uca), Asunción Balaguer (madre de Daniel), Antonio Casas (padre de Daniel), Mary Delgado (madre de Germán), Xan das Bolas (Andrés), Rafael Luis Calvo (padre de Roque), Amparo Gómez Ramos (Sara), Julia Caba Alba (Guindilla mayor), Maruchi Fresno (Guindilla menor), Joaquín Roa (don José), José Orjas (don Moisés), José Sepúlveda (el médico), María Isbert (la Lepórida), Mari Paz Pondal (la Mica), Adriano Domínguez (Dimas), Juan Luis Galiardo (novio de la Mica) – **Producción:** Ana Mariscal – **Guion:** Ana Mariscal y José Zamit, basado en la novela homónima de Miguel Delibes – **Fotografía:** Valentín Javier – **Música:** Gerardo Gombau – **Montaje:** Juan Pisón – **Duración:** 90 minutos – Blanco y negro – Bosco Films.

La España profunda en Los santos inocentes: las alargadas sombras de los atrapados

ROCÍO ALÉS

Aclamada de forma unánime por la crítica y galardonada en certámenes de calado internacional, el filme *Los santos inocentes*, adaptación a la gran pantalla de la novela homónima de Miguel Delibes, expone al lector-espectador a una realidad descarnada, en parte soterrada, manifiesta en los contextos rurales de la España de buena parte del siglo XX: el atraso del campo español y el desfase con respecto al mundo urbano, así como la perpetuación de usos y estructuras sociales más propias de épocas pretéritas. Contextualizada por Delibes en un cortijo situado en un lugar impreciso en la frontera con Portugal, Mario Camus quiso incidir en una localización habitualmente ligada al aislamiento, los atavismos y las tradiciones, Extremadura, en concreto Badajoz, para activar en el espectador una serie de lugares comunes que habitan en nuestro "inconsciente colectivo". Este concepto, descrito por el psiquiatra y ensayista suizo Carl Gustav Jung y que ve la luz por primera vez en el ensayo titulado *La estructura de lo inconsciente* (1916), hace referencia a una serie de imágenes universales heredadas o innatas, que el conjunto de personas que pertenecen a una sociedad tienen en común. Lo curioso es que esta herencia iconográfica no ha de ser experimentada directamente por el individuo para que se convierta en algo familiar o reconocible, ya que son los mitos, el arte y la religión los encargados de fijarlas definitivamente en cada uno de nosotros. El de "España profunda", retratada de forma magistral por Delibes y Camus en

Los santos inocentes, es uno de esos conceptos que podrían pasar como ejemplo, una expresión sociológica-literaria que, sin haber pasado por el filtro académico de la antropología, la historia o la filosofía, es sin duda alguna materia y material de ese "inconsciente colectivo" al que todos pertenecemos por ser individuos que habitamos, en el caso que nos ocupa, un mismo país.

Pero, ¿a qué alude realmente la idea de "España profunda"? Atendiendo precisamente a nuestro catálogo de imágenes heredadas al respecto, el concepto nos remite irremediablemente a un tópico sociocultural que habitualmente suele identificarse con lo rural y los atavismos, así como a cierta idea de regresión y atraso de algunos lugares de nuestro país en ciertos contextos espacio-temporales. Los estereotipos de este submundo parecen claros: el bruto brutal y el ignorante irremediable, entre otros. Pero teniendo en cuenta que el arte y los mitos son los catalizadores de estas imágenes heredadas y *a priori* difusas, ¿cuáles son las manifestaciones artísticas que han fijado en nuestro "inconsciente colectivo" la idea "España profunda" hasta tal punto que casi nos podríamos atrever a realizar un retrato somero de la cuestión sin ser ni mucho menos expertos en la materia? Una investigación en profundidad revelaría interés por el retrato de la misma en el Romancero viejo español y en el propio Siglo de Oro. Sin embargo, serían las artes de finales del XIX y sobre todo las del XX, las que terminarían de codificar esta idea hasta incluirla de lleno en ese ya citado "inconsciente colectivo" nuestro.

Los santos inocentes, novela publicada en 1981 cuya adaptación cinematográfica vería la luz tres años después, son excelentes ejemplos de la contribución de las artes en el proceso de fijación de la idea de "España profunda" en nuestro catálogo de imágenes heredadas y compartidas. Es además la primera obra que Delibes sitúa en Extremadura, pues hasta el momento Castilla era, por razones obvias, escenario y enclave predilecto. La elección no parece casual, ya que aunque ambas regiones tienen puntos de conexión evidentes, tanto en su pobreza estructural y ruralidad allá por la década en la que se sitúa la historia (años 60), el ambiente y las formas de vida en el cortijo en el que se desarrolla la acción se hacen más propios de las estructuras sociales extremeñas que de las castellanas. No obstante, la decisión del escritor vallisoletano de situar una historia de pobreza, miseria y atraso en esta región no es un hecho aislado, pues a largo del pasado siglo numerosos escritores, pintores, cineastas e incluso científicos, pusieron en las tierras extremeñas un inmenso foco de atención. Estas observaciones personales sobre diferentes localizaciones de Extremadura, a menudo distorsionadas, contribuyeron a vincular la región con la idea de atraso, analfabetismo, ruralidad, aislamiento, en definitiva, con esa "España profunda" en contraste con la "España civilizada" que presuponemos localizada en las grandes urbes.

Este hecho resulta tan singular, que un breve repaso por los productos derivados de ese interés antropológico-sociológico de tintes pintorescos por lo rural español en general y por el sudoeste peninsular en particular, nos ayudará a entender la contribución de *Los santos inocentes* en el proceso de fijación-construcción de este tópico sociocultural heredado, como obra literaria cuya adaptación cinematográfica multiplicaría sus resonancias. Sin pretensiones de ignorar las posibles contribuciones de autores como Galdós en el marco del Realismo literario español o los de Pío Baroja en el contexto de la generación del 98, para entender el término "España profunda" se hace necesario abordar el de "España negra", una etiqueta perteneciente al siglo XX más vinculada a las artes plásticas que a la literatura, en la que sin embargo se detecta más de un ejemplo de imbricación artística. Aunque en su libro *España Negra* (1920), el pintor y escritor José Gutiérrez Solana no incluyó ningún pueblo de la geografía extremeña, el retrato de una España rural marginada, en la que el ambiente opresivo se hace casi irrespirable, es un indiscutible punto de partida para el análisis de este tropo. Varias décadas antes el también pintor Darío de Regoyos y su amigo el poeta flamenco Emile Verhaeren, publicarían un volumen de título idéntico en el que, de igual manera, desarrollan un relato narrativo-descriptivo de sus impresiones sobre el viaje a una serie de enclaves españoles de los que resaltaron sus costumbres, su religiosidad, las procesiones, la muerte y los espectáculos bárbaros, poniendo el acento en lo morboso y lo pintoresco.

En la misma línea, casi una década después, el cineasta Luis Buñuel estrenaría *Tierra sin pan* (1933), un documental que expone la situación de atraso y pobreza en la que permanecían los habitantes de Las Hurdes en el contexto de la II República española, siendo posiblemente una de las grandes contribuciones del arte en la construcción de la idea, estereotipo, llegados a este punto, de "España profunda". Su más que conocida distorsión de los hechos y su insistencia en el retrato de los niños (se simula la muerte de una niña delante de las cámaras, además de la exhibición del supuesto cadáver de otro infante que en realidad se encontraba durmiendo), denota una intención de ahondar en los aspectos más retorcidos y macabros de la leyenda negra hurdana, aunque habitualmente esta escenificación de la pobreza se haya identificado como un intento de denunciar la nefasta situación de los habitantes de la región cacereña.

Un par de décadas después Antonio Ferrer y Armando López Salinas continuarían explotando el tópico de la "España profunda" localizada en las Hurdes, revelando en su libro de viaje *Caminando por las Hurdes* (1950), cómo la brecha entre la España rural y la España urbana se iban haciendo cada vez más acusada. Las décadas de los 50 y 60, marcadas por el llamado desarrollismo franquista, fueron años de progreso a marchas forzadas en un intento desesperado por situar al país al nivel Europeo en términos de infraestructura, industria y equipamiento. Cuando Ferrer y Salinas realizan su viaje por Las Hurdes en los años 50, muchos españoles habían optado por abandonar sus pueblos de origen y sus formas de vida en las comunidades rurales, en favor de las grandes urbes, una huida forzada por unos desequilibrios campo-ciudad más que patentes. El relato de los dos viajeros, ilustrado por fotogramas que el propio Buñuel cedería a los autores, evidencia una vez más la pobreza estructural de la comarca, constatando que "...tras cruzar La Alberca, en la raya de Salamanca,.. se traspasa una frontera, se da un salto en la Historia". Significativa fue la censura a la que se vió sometida su segunda edición, que no llegó a ver la luz pues, lógicamente, el retrato de esa "España profunda" y negra con restos de atavismo, en la que parece que el tiempo se había detenido, no era precisamente la imagen de España que al régimen franquista le interesaba fomentar y exportar más allá de nuestras fronteras, y que es precisamente el contexto espacio-temporal elegido por Delibes para *Los santos inocentes*. La obra de Antonio Ferrer y Armando López Salinas, junto con *Campos de Níjar* (1959) de Juan Goytisolo, situado ya en otros enclaves de la geografía española, forman parte de esa novela social que durante las décadas de los 50 y 60 trataba de evidenciar estos desequilibrios y carencias de la vida rural en los rincones más deprimidos de la geografía española, y que fueron la principal causa del masivo éxodo rural del país.

Y aunque *Viaje a la Alcarria* (1948) de Camilo José Cela se considera un libro de viajes, su intencionalidad entronca más con la de Regoyos y Solana, que con la novela social de Goytisolo, al tratarse de la descripción de un lugar aparentemente deprimido, a través de la propia perspectiva del autor. En cualquier caso, esta obra constituye quizás el primer acercamiento a la "España profunda" de un autor reconocido unánimemente como *alma mater* del tremendismo, una etiqueta literaria ambigua de límites imprecisos y discutidos, que por su vinculación con el concepto de "España profunda" y con el propio Delibes, resulta imprescindible sacar a colación. *La familia de Pascual Duarte* (1942) y otras obras incluidas, no sin controversia, en el marco del tremendismo, fueron calificadas como las novelas del "asco y de la amargura" al constituir retratos de una España repugnante y atroz, poblada por seres primitivos degradados física y moralmente que no distinguen entre el bien y el mal. Sin embargo, mientras que Cela analiza lo rural español con una mirada despiadada, Delibes adopta un punto de vista más humano, una característica que nos lleva a entender por qué no toda la totalidad de su producción se ha encuadrado en el tremendismo. Precisamente, en *Los santos inocentes* encontramos un nutrido catálogo de lugares comunes que, sin caer en el estereotipo o en la parodia, configuran un mapa bastante preciso de la idea de "España profunda", pero con una intencionalidad clara de dignificar a sus personajes, más que de degradarlos, algo que el elenco de actores del filme que adapta la historia de Delibes cumple con creces. Podemos decir por tanto que, mientras que Cela es un Goya afanado en retratar los aspectos más duros de la realidad, Delibes es un Velázquez que trata de dignificar a los individuos marginados de la sociedad.

El retrato de la "España profunda" que Delibes despliega en *Los santos inocentes* comparte en gran medida muchos de los elementos que algunos de los autores que hemos venido citando quisieron resaltar en sus obras. Y aunque la intencionalidad haya ido fluctuando, la repetición e insistencia en todos estos lugares comunes, han derivado en la construcción de un estereotipo grabado a fuego en nuestro "inconsciente colectivo". Aunque son muchos y muy variados, los aspectos de la "España profunda" que Delibes y Mario Camus resaltan por encima del resto son: la miseria y la pobreza material a la que se enfrentan los habitantes de nuestro país en determinados contextos espacio-temporales; enfermedades físicas y mentales ocultas e ignoradas a los ojos de otros contextos, quizás, más evolucionados; analfabetismo voraz y el aislamiento y sensación de tiempo detenido. Pero también, se abordan otras cuestiones como las costumbres de unos individuos férreamente conectados con la naturaleza y con lo ancestral, despreciados en sus usos y costumbres por una creciente sociedad que da la espalda a sus orígenes en un claro enfrentamiento campo-ciudad. Dejando de lado el clásico análisis en torno a la opresión de los "inocentes", castigados a la más absoluta pobreza y servidumbre que vertebra el relato de Delibes, a continuación analizaremos la presencia de estos elementos de la "España profunda" que la adaptación de Camus ha contribuido, más si cabe, a popularizar.

Los santos inocentes es la historia de una humilde familia de la España de los años 60 que, en algún cortijo en la frontera con Portugal, se encuentran al servicio de otra familia de rancio abolengo. Por requerimiento de estos y debido a una serie de eventos inminentes que requieren de su presencia y servicios, tendrán que abandonar un miserable chamizo en la llamada Raya de Abendújar donde hacían las veces de guardeses, para trasladarse a otra casa miserable aneja a la "Casa Grande" del cortijo. A ellos se les une otro miembro de la familia, un señor de mediana edad, deficiente, al que han echado de la Jara, un cortijo aledaño en el que llevaba sirviendo y viviendo décadas. Aunque no existe un principio claro en la historia, Delibes la concibe en seis capítulos a los que él llama "libros", los cuales gozan de cierta independencia entre ellos, hasta el punto de que podrían aislarse y constituir relatos con autonomía propia. Titulados tanto con los nombres de sus personajes (Azarías, Paco el Bajo, La Milana, el Secretario) como de situaciones (el Accidente y el Crimen), Camus optaría por reducirlos a cuatro para titularlos con el nombre de cada uno de los miembros de la familia que protagoniza el relato (Quirce, Nieves, Paco el Bajo y Azarías). Además, mientras que la novela sitúa la acción íntegramente en los años 60, Camus la actualiza trasladando la acción real al tiempo presente, encerrando el corpus narrativo en forma de evocación del pasado en dos episodios de la vida actual del primogénito de la familia, el Quirce (Juan Sánchez): cuando vuelve del servicio militar a visitar a su hermana y a sus padres y cuando regresa a la ciudad a buscar trabajo y a visitar a su tío a petición de su madre.

Entre ambos momentos, a modo de *pseudo flashbacks*, pues son recuerdos más colectivos que exclusivos del personaje que da nombre a cada una de la piezas, es donde se va a encapsular la historia de Delibes, un relato centrado eminentemente en unos personajes que bien podrían clasificarse en los opresores y los oprimidos. Estos últimos son, sin duda, la clave del relato, víctimas de una serie de situaciones infames y humillantes que el espectador asume como su día a día, pues sobreentendemos que tan solo nos estamos asomando a momentos puntuales de la vida de los mismos, de ahí que no se localice un principio claro, aunque quizás sí un final (índole metafórica, al menos). De entre todos ellos sobresale, sin duda, el *Azarías* y la interpretación que hace del mismo Paco Rabal: un señor de unos 50 años, quizás menos, quizás más, psicológicamente mermado y físicamente marcado por su vida en una constante intemperie en el campo. Paco el Bajo (Alfredo Landa), el patriarca de la familia, haciendo gala de una mezcla de obediencia y sumisión, acepta su destino y sólo aspira a que sus hijos puedan "ilustrarse" en mayor o menor medida de cara a superar la pobreza que a él le ha tocado vivir. Su mujer, Régula (Terele Pávez), es un personaje abnegado y sufrido, que lleva en sus hombros, además del peso de la servidumbre, el cuidado de su familia, entre cuyos miembros se encuentran dos miembros en situación de dependencia: su hermano, el ya citado *Azarías*, y la *Niña Chica*. Esta última, junto con la Nieves (Belén Ballesteros) y el Quirce son los hijos de un matrimonio que, debido a la dureza de su existencia, han tenido que renunciar a los placeres de la vida y a la felicidad. Completan el elenco de personajes los opresores, entre los que destacan el señorito Iván (Juan Diego), miembro del linaje que preside la marquesa propietaria del cortijo, y el perito Don Pedro (Agustín González), una especie de mayordomo que ostenta una posición superior al resto de personas que allí sirven, pero muy por debajo del primero. Aunque la relación de dominación-sumisión entre los dos grupos de personajes constituye en gran medida la clave del relato, centraremos nuestra atención en esos elementos que hacen que podamos vincular plenamente *Los santos inocentes* con la idea de la "España profunda".

Sin duda, uno de los tropos que se manifiesta con gran insistencia durante la novela, y que cobra presencia matérica y corpórea gracias al carácter visual del cine, es la miseria y la pobreza material en la que se encuentran sumidos los personajes oprimidos. Lo detectamos tanto en ellos, como en gran parte de las localizaciones donde se desarrolla la acción a lo largo del filme. El Azarías es, quizás, la personificación de esta pobreza material y moral de la que hacen gala estos personajes de la "España profunda", en directo paralelismo con otras "profundidades" como la estadounidense, donde la *poor white trash* (literalmente, basura, blanca, pobre) es representada a menudo como un substrato marginal de la población estadounidense, históricamente deprimida por la falta de recursos económicos y educacionales, vinculada habitualmente a la idea de endogamia. El *Azarías* se nos presenta como un señor con el rostro marcado por profundos surcos, con una boca llena de dientes negros y ataviado con harapos remendados con parches cuajados de lamparones. Es decir, no entiende de higiene y mudas, solo pasa sus días enfundado en miseria, con la que vive y duerme permanentemente. Entre sus costumbres, cabe destacar dos que tienen que ver con sus deyecciones: suele orinarse en las manos para evitar que se le agrieten, según explica y, además, defeca donde le viene en gana, principalmente en lugares de paso visibles, pues no distingue entre actos íntimos y públicos. Cree innecesarias las cuestiones del aseo, "estás creando miseria y le pegas los piojos a la niña (chica), tengo que cuidar de ti como si fueras otra criatura", le dice una Régula indignada en un momento del metraje en que se encuentra sobrepasada por la carga que supone tener que cuidar de su hermano deficiente.

Esta pobreza y miseria son manifiestas también en las localizaciones principales de la película, el chamizo de La Raya y la casa del portón en los aledaños de la Casa Grande del cortijo, todas ellas, soberbiamente escogidas en Alburquerque, pueblo de la provincia de Badajoz, recrean a la perfección la esencia de la novela. Precisamente, es la miseria que observa el Quirce en los primeros minutos del metraje apostado en el muro de una vivienda en ruinas en el pueblo de Zafra al volver del servicio militar en tiempo presente (una mujer en una casucha de piedra le está colocando los pantalones a su bebé, mientras que otros niños danzan y juegan descalzos en una calle llena de inmundicia rodeados de perros), la que da pie al primer *flashback*. En una humilde estancia iluminada tan sólo por el calor del hogar, la familia pasa la noche realizando diversos pasatiempos alrededor de una mesa: Paco el Bajo enseña a leer al Quirce mientras la Régula remienda ropa; Nieves, la hija menor, parece poner en cuestión las enseñanzas que transmite el padre al hijo. A la hora de dormir se retrata una habitación de piedra, fría y húmeda, tan solo iluminada por una vela y con un camastro destartalado como único mobiliario. Después de estas primeras escenas, observamos un plano exterior de la vivienda, el chamizo de la Raya, construido en piedra en mitad de una dehesa, sin nada alrededor, un lugar remoto y aislado donde resulta difícil imaginar la vida. Por otro lado, la casa del portón o del guarda, cerca del cortijo al que la familia ha de trasladarse por requerimientos de los señores, es absolutamente desoladora: de una estancia principal fría y oscura, donde pende una bombilla desnuda que hace las delicias de una familia que no está habituada a la luz eléctrica y parece vivir en el siglo pasado. El resto del habitáculo revela un panorama igualmente descarnado, el retrato de la pobreza más absoluta en la que una familia se ve abocada a vivir con lo estrictamente indispensable.

Serían precisamente esta pobreza y miseria sobre las cuales el escritor y filósofo Miguel de Unamuno dejaría constancia en "Las Hurdes", pieza inserta en *Andanzas y visiones españolas* (1920), una extensa compilación de artículos y trabajos previamente publicados en diferentes diarios, en los que el autor compartía las impresiones derivadas de sus viajes por la geografía española. Teniendo presente la leyenda hurdana de barbarie en la que supuestamente " [...] los hombres ladran, se visten de pieles y huyen de los...civilizados!" Unamuno se despega del tópico y, en consonancia con otros pensadores coetáneos caracterizados por su preocupación hacia la España de la época, rechaza el estereotipo, para dignificar a los habitantes de una comarca marcados por "la triste y dura tierra que les ha cabido en suerte" de la que, además de no renegar, no abandonan y se encuentran apegados a pesar de su aislamiento, miseria y duras condiciones de vida.

Las enfermedades mentales y físicas no tratadas constituye otro de los lugares comunes del estereotipo de la "España profunda", aspecto que Mario Camus resalta en *Los santos inocentes* de forma descarnada y brutal. Habitualmente ocultas, eran una realidad que se instalaba en la cotidianeidad de las gentes del campo ignorada por otras clases sociales o por otros contextos más avanzados, en los que quizás existía una ventana abierta al tratamiento o curación. Esta problemática quedaría recogida por Gregorio Marañón y otros miembros de la expedición científica sin precedentes que se realizó por la comarca de la Hurdes en el año 1922, motivada por una serie de informes que revelaban los altos índices de mortalidad y enfermedades endémicas de la zona. Más allá de las leyendas y construcciones propiciadas por viajeros y escritores precedentes, los allí presentes pudieron constatar que la comarca no era más que una zona afectada por el aislamiento, ignorada por la administración y azotada por el paludismo y bocio, entre otras afecciones, que requería una intervención sanitaria inmediata. El propio rey Alfonso XIII, motivado por un espíritu regeneracionista en plena crisis del conflicto de Marruecos, visitó personalmente la zona y, aunque pudo notar los cambios producidos en la región años más tarde, el lugar ya había quedado irremediablemente ligado, de cara a la opinión pública más amplia, a esa idea de aislamiento, analfabetismo y enfermedades físicas y mentales endémicas.

Aunque en el personaje de Azarías esta problemática queda patente tanto en sus comportamientos como en el tratamiento que recibe por parte de los otros personajes, sin duda la caracterización de la Niña Chica va más allá en el retrato de estos "monstruos" de la "España profunda", que en una "América profunda" bien podrían haber sido los protagonistas de un filme de terror. Aunque a lo largo del metraje apenas se muestra su rostro, tan sólo de forma tangencial, acertamos a ver unas facciones deformes en las que destacan un labio leporino. Su cuerpo es una especie de saco sin huesos, sin consistencia, que va de brazos en brazos o descansa en una cuna donde hace años que no cabe. En una escena concreta, vemos como la Régula, sentada en una silla, coloca a la Niña Chica entre sus piernas y comienza a despiojarla, quitándole los insectos uno a uno y aplastándolos en su mandil para asegurarse de que no vuelven a la cabeza de su hija. El encuadre, la luz y la posición de los personajes están constituidos de tal manera, que es difícil no evocar algunas escenas interiores de pintores como Bartolomé Esteban Murillo, el cual además de Inmaculadas cándidas imitadas hasta la saciedad, quiso retratar la miseria y la vida cotidiana de las gentes comunes de la España del Siglo de Oro. La conexión entre los personajes deficientes de la historia salta a la vista: Azarías, que es en realidad un niño grande, parece que solo está a gusto con la Niña Chica, como si fuera la única que lo entendiera, en palabras de su hermana. Así mismo, el espectador asiste a un choque entre las dos realidades propias de la historia: la señorita Miriam, hija menor de la marquesa de visita en el cortijo, escucha fortuitamente los gritos y lamentos de la enferma, momento en el que es conducida por el Azarías al interior de la casa de los guardeses del portón tras interesarse por el sonido. El rostro de la joven al presenciar una escena que se reserva solo a ella y un tenue "Dios mío", nos da la pista del descubrimiento de una especie de realidad paralela, descarnada y atroz, a la que era ajena por completo. Cabe evocar aquí a Mario, el hermano pequeño del protagonista en la obra *La familia de Pascual Duarte* de Camilo José Cela, un chiquillo igualmente enfermo en todos los sentidos, cuya descripción y destino impacta y entristece al lector a partes iguales.

El analfabetismo como lacra social, una realidad vergonzosa a ocultar, es otra de las cuestiones que contribuyen al retrato de la "España profunda" en el relato de Delibes y su adaptación cinematográfica. Desde el inicio del metraje, vemos que Paco el Bajo intenta hacer todo lo que está en sus manos para enseñarle a su hijo a "juntar letras", enseñanzas que él a su vez parece haber recibido de uno de los "señoritos" para el que sirve. Sin embargo, cuando la familia recibe la orden de mudarse a la casa del portón y, además, Don Pedro el perito requiere los servicios de Nieves para las tareas domésticas en la "casa grande", Paco el Bajo obedece con docilidad y no lucha por la única aspiración que parece compartir con su pareja: la de que sus hijos se instruyan y puedan dejar atrás la miseria, la pobreza e, indirectamente, la servidumbre. Al respecto de ello, Camus se muestra indulgente con los hijos del matrimonio y, aunque no aparece especificado en el relato de Delibes, él los sitúa en tiempo presente ya fuera del ambiente pernicioso del cortijo, en la ciudad desempeñando trabajos que no requieren demasiada cualificación, pero libres por fin de las ataduras de la servidumbre. El analfabetismo como lacra social de la España de los 60 es abordado también en una de las escenas más desgarradoras del filme: durante una comilona que está teniendo lugar en la "casa grande", el señorito Iván hace llamar a tres de sus siervos, Ceferino, Paco el Bajo y Régula, a los que hace firmar en un papel ante la avergonzada mirada de René, un embajador francés que tienen como huésped. Y es que el señorito Iván, ofendido por la asunción del extranjero sobre la superioridad de la cultura centroeuropea, exhibe como monos de feria a tres de sus súbitos, jactándose de que no son animales, sino personas que saben leer y escribir. Nuevamente, observamos el choque entre esas dos Españas, la rural y la urbana, en un momento de nuestra historia en la brecha en el desarrollo parecía ser más insalvable que nunca. Frente a todo ello se encuentra el Azarías, que no consigue sobrepasar las cuentas al llegar a 10 y parece vivir feliz en la más absoluta ignorancia, una especie de eslabón perdido en medio de la naturaleza ibérica.

Precisamente, esos atavismos de la España rural y negra quedan absolutamente patentes en la profunda comunión con la naturaleza que caracteriza a varios de los personajes de *Los santos inocentes*, una cualidad que en el contexto del abandono masivo de los campos en favor de la ciudad de la España de los 60, comenzaría a estar en vías de extinción y, sobre todo, en el camino de convertirse en algo a despreciar. Lógicamente, Azarías es uno de los personajes que mejor lo manifiestan: ya desde las primeras imágenes del filme, podemos verlo como un chiquillo entre los árboles "corriendo el cárabo" que es, básicamente, perseguir y ser perseguido por un ave rapaz de tamaño medio que puebla diversas zonas de la geografía europea. La cámara lo persigue a gran velocidad, y él aparece y desaparece entre los arbustos y las copas de los árboles por cuyas hojas se cuelan los últimos rayos del sol. En esta escena, que luego descubrimos que es una especie de *flashforward*, él llama al avecilla con un "ehh" profundo y sordo, y ella le responde ululando repetidas veces, como contenta y burlona. Esta especie de conexión con la naturaleza, nos adelanta la que será la gran destreza del personaje: la relación con los pájaros, pues en torno a ellos gira gran parte del relato, por un lado las "milanas", pájaros bautizados de forma genérica que el Azarías domestica y por los que siente un profundo afecto pues son casi su única razón de existir (primero el Gran Duque y luego la grajilla encontrada por el Quirce), y por otro lado el cárabo, con el cual mantiene una especie de relación de atracción-repulsión, pues al espectador no se le escapa la especie de miedo que produce en él.

Y si las "milanas" parecen sufrir en el relato una especie de personificación, pues ostentan un papel esencial al inicio y casi catártico al final, Azarías y Paco el Bajo sufren a la inversa un proceso de animalización. Este último, sobre todo, manifiesta un conocimiento profundo de los animales del campo, de sus olores y movimientos, y hasta la capacidad de predecir el tiempo, cualidades que lo convierte en el "secretario" ideal de caza del señorito Iván, algo que es precisamente el punto de inflexión en la relación entre ambos. El señorito presume de él delante de sus compañeros de escopeta, y en la pasa de la paloma, incluso el propio Paco el Bajo suplica que "le suelte", casi como si fuera un perro, para recoger las piezas cobradas. Del mismo modo, lo veremos arrojarse a la tierra y olisquearla, con la intención de explicar a los presentes su hipótesis sobre los últimos instantes de una perdiz abatida a tiros y solucionar así un litigio surgido entre "secretarios" y señoritos. La animalización de estos personajes y su conexión con la naturaleza, produce en el espectador una extraña sensación de atracción y rechazo hacia esos atavismos propios de la "España profunda": atracción porque quizás alude a un origen común y primitivo de todos, rechazo en tanto a la reivindicación de la civilización, de lo moderno frente a lo tradicional. Esas sensaciones son quizás las que nos provocan los mismos personajes, pues rechazamos lo que hay de animal en ellos, pero a la vez sentimos cierta conexión, entre otros motivos y salvando lo que de enfermedad mental pudiera haber, porque nos observamos en parte y remotamente en ellos y sus comportamientos.

En este repaso por los valores ancestrales del relato y la conexión de los personajes con la naturaleza, resulta interesante detenerse en la música que escuchamos al inicio del filme, en el momento en el que vemos al Azarías "corriendo el cárabo". La sensación de tiempo detenido y aislamiento, que es otro de los aspectos que la historia pone de relieve de muchas formas y que además es algo que asociamos automáticamente a esa idea de España negra y profunda, nos habla de una Extremadura que por su situación geográfica ha conservado sus tradiciones y su folklore, siendo probablemente a día de hoy una de las regiones españolas que mejor las preserva. A propósito de ello, Extremadura no cuenta con un instrumento musical propio como sí ocurre en otros lugares de España, por eso, junto con instrumentos de cuerda genéricos (bandurria, guitarra o acordeón), los extremeños han introducido tradicionalmente objetos de uso cotidiano en la cocina o en el campo como almireces, calderos, cucharas, botellas de anís, sartenes o cencerros, a modo de instrumentos de percusión, para animar los momentos de celebración con una música de sonido indeterminado, pero de gran efecto rítmico. Sin duda alguna, la música del inicio y el final del filme, donde reconocemos todos esos objetos sonoros, deja en el espectador un recuerdo imborrable, pues además está asociada al personaje más libre de todos, el Azarías, el único que es capaz de rebelarse contra la injusticia y el sometimiento de los terratenientes en esa venganza poética tan aplaudida por el lector-espectador.

En conclusión, la película se articula en torno a una sucesión de escenas que, a modo de recuerdos, pintan una especie de cuadro costumbrista en el que quedan patentes las dinámicas y roles sociales de la España rural de los años 60, así como los desequilibrios campo-ciudad que en el mismo contexto comenzaban a hacerse prácticamente insalvables y conducían a los españoles a un éxodo rural masivo. Además, como hemos ido comentando a lo largo del capítulo, *Los santos inocentes*, junto con otros tantos productos contextualizados en Extremadura y en las regiones más pobres de nuestra geografía como las pinturas y escritos de Regoyos y Solana, los diarios de viaje de Miguel de Unamuno o Antonio Ferrer y Armando López Salinas, documentales como el de Buñuel y otras novelas como *La familia de Pascual Duarte de Camilo José Cela*, han contribuido a fijar y a delimitar la idea de "España profunda" y de "España negra" en nuestro "inconsciente colectivo". Por tanto, podemos caracterizar la obra de Delibes y su ejercicio cinematográfico como una especie de estudio sociológico-antropológico de la España rural de mediados de siglo XX, un retrato en paralelo al que realiza de forma literal el fotógrafo que en el filme asiste a la comunión del miembro más joven de la familia de terratenientes (opresores) el cual, antes de abandonar el cortijo, decide retratar a la familia de sirvientes que guardan la puerta de entrada (oprimidos): A la izquierda Azarías posa con la Milana en sus hombros, luciendo una sonrisa inocente desprovista de cualquier preocupación; a continuación la Régula, en cuyos brazos sostiene a la Niña Chica, mira de frente a la cámara ladeando su cabeza hacia la derecha en la que se destaca un rostro serio, de duras facciones que refleja el peso que ha de soportar todos los días de su vida; a su lado, Paco el Bajo, más adelantado que el resto, posa con las manos apoyadas en las rodillas, emocionado y como agradecido ante la experiencia de ser retratado por un fotógrafo; finalmente, a la derecha, Nieves, de frente, con rostro despejado luciendo unos pendientes que parecen ser la única concesión de la familia al lujo, y el Quirce, con el ceño fruncido, gira el cuerpo hacia la izquierda esquivo y desconfiado. Esta estampa costumbrista, digna de los pinceles del mismísimo José Gutiérrez Solana, vira de la sobrexposición del blanco a la oscuridad más absoluta del negro, haciendo quizás alusión y reflexión a las luces y a las sombras de un relato desgarrador sobre unos "inocentes" cuya principal condena es algo que no han tenido la capacidad de decidir y de la que mucho menos tienen la posibilidad de escapar.

Bibliografía

Gutiérrez Solana, José. *La España negra*. Madrid: Comares, 2000.

Regoyos, Darío y Verhaeren, Émile. *La España negra*. Barcelona: Casimiro, 2013.

Sopeña, Federico. "Basta ya". En *Diario Arriba*. Madrid: 5 de agosto de 1951.

Unamuno, Miguel de. *Andanzas y visiones españolas*. Madrid: Alianza Editorial, 2018.

Ficha técnica

Título original: Los santos inocentes; **Año:** 1984; **Duración:** 103; **País:** España; **Dirección:** Mario Camus; **Guion:** Mario Camus, Antonio Larreta, Manuel Matji; **Novela:** Miguel Delibes; **Reparto:** Paco Rabal (Azarías), Paco el Bajo (Alfredo Landa); Régula (Terele Pávez); Iván (Juan Diego); Don Pedro (Agustín González); Doña Purita (Ágata Lys); Nieves (Belén Ballesteros); Quirce (Juan Sánchez), ... **Fotografía:** Hans Burmann; **Género:** drama, vida rural.

Adaptaciones y variaciones, Delibes en el presente y hacia el futuro

Jorge González del Pozo

> "He pasado unos meses maravillosos en compañía de tus criaturas y espero que la obligada poda [. . .] no empeore tu creación de maestro sino que simple y humildemente la hagan 'cinematografiable'. [. . .] He puesto en [el guion] respeto, honradez y entusiasmo y no me perdonaría haber estropeado la novela" (José Luis Cuerda, sobre la adaptación de *El hereje*).

La conexión de Miguel Delibes con el cine es innegable, y eso es debido a las numerosas adaptaciones llevadas a la gran pantalla, a la televisión o al teatro, con solvencia la mayoría y con notables casos como los que en este libro se han detallado y analizado. Pero la relación con el cine del autor castellano va más allá, como admirador y entendedor del valor artístico del medio cinematográfico, así como de la importancia y la potencialidad social de alcance e impacto de este vehículo que ya Delibes entendió por su calado en el público general: "Cerca de cuatrocientas críticas cinematográficas, casi otro centenar de caricaturas y algunas decenas de artículos a lo largo de veinte años, son la herencia dejada por el Miguel Delibes periodista en los archivos de *El Norte de Castilla*. Sólo en relación con el mundo cine . . ." (259). De aquellos polvos de estrellas del celuloide, los lodos del compromiso social y las diferentes temáticas que el novelista interpretaba, sin blanquear la pobreza, ni relativizar el dolor o la opresión, sin necesidad cristiana tampoco de exaltar la miseria o el sufrimiento pero reconociendo en "los perdedores o en los aplastados un buen caldero de verdades importantes, de dignidad intacta, de integridad innata por encima de las circunstancias y, desde luego, todo un testimonio de superación y de honradez silenciosa" (Marqués 160). A pesar de tocar temas sumamente delicados, Delibes consigue profundizar y hablar con la honestidad que le caracteriza sin polarizar; es más, conquista en el lector y espectador una gran empatía, un entendimiento generalizado, una búsqueda de consenso clara y, en definitiva, una conexión y cohesión humana que está presente en su literatura y, sin duda, en las adaptaciones al cine de sus textos. Artesano de las letras, incluso en las peores circunstancias, logró decir lo que quería en un equilibrio casi trascendente entre su regionalismo castellano y la universalidad que transpira su obra haciendo "hablar a Castilla" y curtiéndose en "las múltiples trabas de la censura que le obligaron, hasta más allá de la muerte del dictador, a una táctica narrativa de circunloquios y desvíos que a la postre resultaron más expresivos que la enunciación directa" (Neuschäfer 19). Esta orfebrería literaria, a veces surgida de la necesidad, no se esconde en giros narratológicos complejos ni en un complicado estilo. Javier Tolentino aclaraba cómo este autor hacía cine y música en cada uno de sus libros con su lenguaje literario gráfico, así sus textos se desarrollan como verdaderos guiones; Delibes operó como un arquitecto de emociones cuyos personajes estaban dibujados casi expresamente para el cine (cf. 34). Esta facilidad para trasvasar los trabajos escritos a la pantalla es de la que dan buena cuenta grandes directores del acervo nacional, aprovechando una materia prima sumamente propicia para el discurso visual.

Delibes fue -y es- moderno sin pretensiones, sin ataduras, ancho como su Castilla; un castellano que no creyó en la revolución violenta, sino en la integración dentro de la rotación infinita del centro a la periferia y viceversa; un espacio en el que se movía perfectamente, de forma orgánica, con una naturalidad propia del castellano sencillo pero profundo. El novelista era, sobre todo, consciente; poseía una conciencia que rezumaba en su obra, en las entrevistas que otorgaba y en sus escritos; incluso en sus ensayos sobre cine, a pesar de no sentirse plenamente en su medio. Quizá esa fue una de sus grandes virtudes: la valentía sin ínfulas, la responsabilidad de ser conocedor de su propio altavoz, sin la necesidad del atractivo del escritor engolado, ni de focos, ni brillantina, pero sí de reconocer la importancia del debate candente, del que sobrepasa la página y la pantalla modificando las vidas de cuantos se acercan a su obra; eso sí, siempre desde la mesura propia de su tierra. A pesar de su fuerte arraigo vallisoletano, se muestra casi siempre abierto a realidades más universales, y no hay fenómeno artístico más universal que el cine ya desde sus inicios.

No obstante, Delibes siempre tuvo en mente la idiosincrasia nacional y con estas premisas, balances y contrapesos la pregunta que surge es en qué lugar queda su obra, tanto la literaria como las adaptaciones fílmicas. ¿Qué pensaría Delibes del cine actual? Ramón García Domínguez comentaba sobre Delibes cómo su posicionamiento planteaba algo que se ha venido debatiendo en las últimas décadas: "... el cine español se parece hoy al americano, mañana al alemán y pasado al francés. Le falta personalidad: le falta esa chispa espiritual que induce al espectador a descubrir la nacionalidad de un film sin necesidad de preguntar por su director" (37). El tiempo ha pasado desde estos postulados y la industria cinematográfica, aunque sigue apoyándose en modelos extranjeros, también se asienta sobre una producción nacional amplia y establecida. Está por ver si sería del gusto de Delibes, aunque puestos a elucubrar, ¿qué pensaría el autor de la literatura actual, o de los *youtubers* y demás famosos de cualquier pelaje que publican hoy en día, o de los poetas tan efímeros que sólo existen por un instante? Me aventuro a decir que se mostraría mucho más tolerante y menos reticente de lo que se pudiera pensar, que a pesar de denunciar la búsqueda de un brillo instantáneo en esta vorágine de deslumbramientos constantes, observaría con la mirada pausada, crítica

pero serena, aceptando la belleza donde la hubiere, la verdad donde reso-
nara, cribando el polvo de la paja. Abrazaría de pleno lo que ya anticipó:
el compromiso con la ecología, la sostenibilidad y el amor por la tierra y
la naturaleza ante todo; celebraría el auge de la reivindicación del medio
ambiente y, aunque desde la preocupación, intuyo que se mostraría satis-
fecho de que el tema estuviera sobre la mesa, en el debate público, forzán-
donos a atenderlo, como él reclamaba.

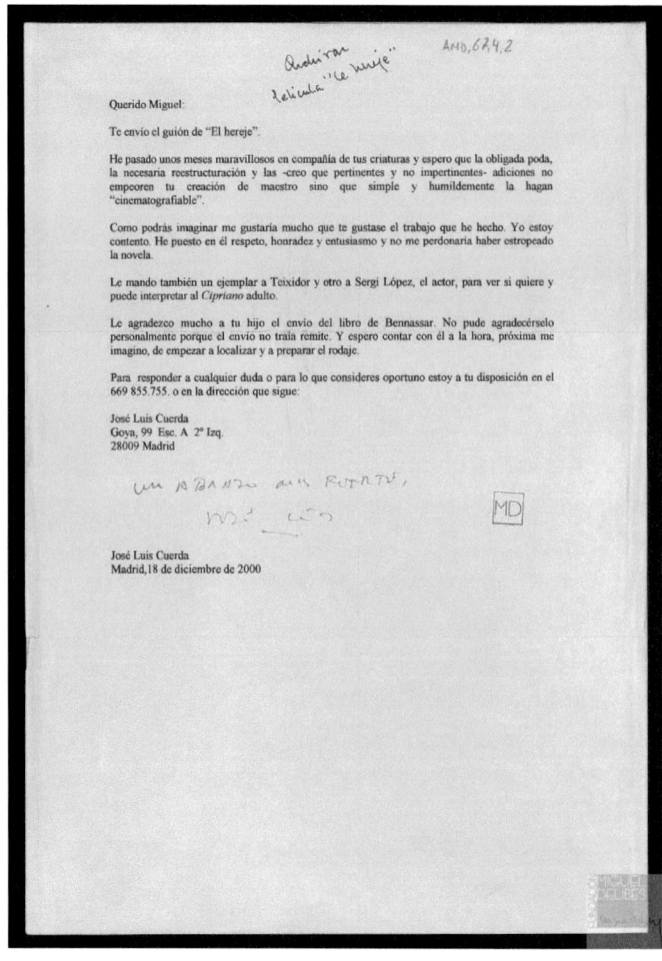

El deseo es que este libro haya servido para volver a poner en valor a Delibes, para traer su obra de nuevo a la palestra y para realzar la importancia y el poso que dejó; en esta ocasión con la maravillosa y oportuna excusa del cine y cómo se ha adaptado su bibliografía a las innumerables pantallas a lo largo de las décadas. En este libro se ha hablado de muchas adaptaciones y del papel del cine en su obra e incluso en relación con la figura del propio Delibes como tal, pero lo que realmente queda pendiente es lo que está por venir, lo que se necesita trabajar, lo que se debe avanzar para descubrir o redescubrir a un Delibes tanto en sus textos, como en las imágenes que los han representado. La última adaptación ha sido la de *El camino*, de Ana Mariscal, pero la pregunta acuciante sigue planeando por los campos de la meseta: ¿Para cuándo una adaptación de *La hoja roja*, temática universal y atemporal donde se precie; o para cuando, y en especial, una adaptación sin miedo y con medios de *El hereje*? El contexto ideal está ahí, vivo, latente, y Delibes no ha perdido un ápice de vigencia en este siglo XXI; el campo está sembrado, el trigo crece fuerte y la espiga madura al sol de Castilla, esperando la siega.

Bibliografía

Delibes, Miguel. "Escritos sobre el cine". En *Miguel Delibes: La imagen escrita*. García Domínguez, Ramón, ed. Valladolid: Semana Internacional de Cine de Valladolid, 1993. 257-360.

García Domínguez, Ramón. "Historia de una fascinación". En *Miguel Delibes: La imagen escrita*. García Domínguez, Ramón, ed. Valladolid: Semana Internacional de Cine de Valladolid, 1993. 19-60.

Marqués, Juan. "Delibes y los débiles". En *Delibes*. Valladolid: Fundación Miguel Delibes, 2020. 152-62.

Del Molino, Sergio. "La modernidad de Delibes, el último castellano libre". En *Delibes*. Valladolid: Fundación Miguel Delibes, 2020. 117-36.

Neuschäfer, Hans-Jörg. "Haciendo memoria: Delibes, 'historiador'". En "La escritural plural de Miguel Delibes". *Archiletras. Revista de Investigación de Lengua y Letras.* Vol. 1. Verano, 2021. 29-42.

Tolentino, Javier. "La sinfonía fílmica de Miguel Delibes". En *Más allá de las novelas. Delibes, el cine y el teatro.* Madrid: Comunidad de Madrid, 2021. 33-42.

DELIBES ON SCREEN

Visual Adaptations
and Current Prevailing

Table of Contents

Acknowledgements

JORGE GONZÁLEZ DEL POZO

Every time a book comes to light, the effort is rewarded; this one is no different, but it is special. This work would not have been possible without the help of Agustín Cuadrado, a Delibes expert, who was involved from the very beginning. Nor would it have flourished without the constant support at every step of the process from Fernando Zamácola Feijóo, Director of the Miguel Delibes Foundation. I must also warmly mention Juan Laborda Barceló, one of the contributors to this volume, whose understanding always helps make every project flow smoothly.

Nevertheless, true gratitude belongs to the timeless legacy of Delibes. So, let me thank him for his unforgettable *milana* imprinting social justice onto our collective psyche and memory; to the five hours of the most famous existential monologue in Spanish literature — with Segismundo's permission; to the ecological wisdom of a boy who delivers truths as powerful as Castilian bread loaves, from which we all ought to learn; to the struggle of a prince and his father to overcome the consequences of war; and, of course, to the *camino* we all tread, filled with experiences and people, a path of growth that is always in the back of my mind. Thanks, therefore, to the memory of a narrative and a film adaptation that continue to accompany us. In short, I wish to thank Delibes for the sensitivity, honesty, and depth of an unrepeatable writer who remains present and relevant.

Detroit, Summer of 2025

Preamble

Javier Castán Lanaspa

Miguel Delibes loved movies since he was a kid and, as is well known, he started his journalism career at *El Norte de Castilla* in Valladolid, publishing, among other things, reviews of new releases —in his words, *a few lines of guidance for newspaper readers*—, accompanied by his own cartoons depicting some of the stars of the films he reviewed. At the same time, in longer articles published at intervals, he shared his vision of cinema, accurately analyzing American productions, European films, which he particularly valued. Also Spanish cinema, about which he maintained a pessimistic view even in the years when Spanish films were winning awards at major European festivals and some of the adaptations of his novels were achieving international recognition. In 1965, he organized a film club linked to the Cultural Hall of *El Norte de Castilla*, of which he had become director, and almost until the end of his life he continued to attend cinemas regularly, allowing himself to be seduced by *the darkness, the discreet company, and the silent shadows around him*, which, in his words, constitute the essential framework for the contemplation of films.

Many scholars of Delibes' work interpret that the importance of cinema in the writer's life and his deep knowledge of film language must have influenced the way he structured his works, as well as the definition of the characters that star in them. The dialogues, without rhetoric or grandiloquence, are inspired, as is also the case in cinema, by words and expressions gathered from conversations that the writer had heard casually. As he himself states in his text *Novela y Cine*, the main difficulty faced by directors who undertake the filming of a literary work lies in reducing or pruning the plot, in selecting those episodes that will be left out without significantly altering the narrative thread, the character of its protagonists, or the tone of the text from which they originate. In Delibes' case, writing the scripts and translating the novels into images was not particularly easy, despite the fluid order of the narrative and the naturalness with which his characters speak, regardless of their age, gender, or social class.

The truth is that, despite the difficulties that any adaptation of this kind has to overcome, the relevance and universality of Miguel Delibes' stories and characters have made him one of the Spanish authors whose work has been most widely adapted for the stage and for film and television screens. Except for the interesting and pioneering version of *El camino* directed by Ana Mariscal in 1963, most of the writer's film adaptations were made in the 1980s and 1990s, coinciding with the decades of maximum public recognition for the Valladolid-born author. At the same a brilliant early period for Spanish cinema emerged, which managed to overcome the lack of aesthetic and formal personality, insipid plots, and weak scripts that had plagued it during the Franco period, as the writer himself denounced in some of his articles on cinema published in the 1950s.

To date, two short stories and nine novels have been made into films or adapted for television, all during the author's lifetime. *La sombra del ciprés es alargada* (*The Shadow of the Cypress Tree is Long*), from 1948, by Luis Alcoriza in 1990. *El camino* (*The Walk*), from 1950, by Ana Mariscal, as I have already mentioned, in 1963, and in a second television version by Josefina Molina, in 1977. *Mi idolatrado hijo Sisí* (*My Beloved Son Sisí*), from 1953, was filmed in 1976, under the title *Retrato de familia* (*Family Portrait*), by Antonio Giménez Rico, who would later bring two other works by the writer to the screen, *Las ratas* (*The Rats*), from 1963, in 1997, and *El disputado voto del señor Cayo* (*The Disputed Vote of Mr. Cayo*), from 1978, in 1986. In 1973, *El príncipe destronado* (*The Dethroned Prince*) was published, and Antonio Mercero's adaptation four years later, entitled *La guerra de papá* (*Daddy's War*), was one of the great successes of Spanish cinema in that decade, contributing significantly to the dissemination and popular recognition of Delibes' work, as well as that of the film's director and actors, particularly its young protagonist. But there is no doubt that it is the film version of *Los Santos Inocentes* (*The innocent saints*), made by Mario Camus in 1983, that has inextricably and definitively linked Miguel Delibes with the seventh art. One of the most significant novels of 20th-century Spanish literature is also, in its film adaptation, one of the masterpieces of Spanish cinema from an artistic point of view, and a commercial milestone for the industry. Subsequent to Mario Camus' film are the film versions of *El Tesoro* (*The treasure*), a novel published in 1985 and directed by Antonio Mercero in 1988, and *Diario de un jubilado* (*Diary of a retiree*), from 1995, filmed by Francesc Betriu in 1998 under the title *Una pareja perfecta* (*A perfect couple*).

The Film Department, always attentive to the evolution and creativity of our cinema, has taken an interest in its summer academic program and winter seminars in films based on novels by the Valladolid-born writer. In August 1993, during the 30th edition of the film course, Antonio Giménez Rico presented his film projects in the university classrooms and participated in a discussion with the audience that attended the screening of *El disputado voto del Señor Cayo*. In 2007, Mario Camus and *Los santos Inocentes* were the stars of one of the most notable sessions of the 44th Film Course, held in August of that year. And in October 2021, as part of the events commemorating the writer's centenary, a short series of screenings and round tables was held on the adaptations of *El Camino* by Josefina Molina and *La sombra del ciprés es alargada* by Luis Alcoriza.

Continuing in this vein, the Chair is now publishing, with the support of University of Valladolid Press and the Miguel Delibes Foundation, a series of articles by young researchers —some of whom are former students of our courses— in which, coordinated by Professor Jorge González del Pozo, they analyze the writer's work through its film and theater adaptations. Hilario J. Rodríguez's studies on *Función de Noche* and *Cinco horas con Mario*, Iván Baena's text on *La guerra de* papá, Juan Laborda Barceló's analyzes of Tierra de Campos and *Las ratas*, Fernando Marañón's work on *El camino*, and

Rocío Alés' work on *Los santos inocentes* highlight not only the Valladolid author's relevance today, as González del Pozo asserts in the introduction and coda of the book, but also the outstanding literary, cultural, and social significance of his work. As, Professor Teresa Gómez Trueba has pointed out, *Delibes' influence can be seen in the work of young novelists who belong to the neo-ruralist or rural literature movement*, which includes, among others, Moisés Pascual Pozas from Burgos —for his stories and short stories published between 2002 and 2012—, Jesús Carrasco (*Intemperie*, 2013), Santiago Lorenzo (*Los asquerosos*, 2018), Andrea Abreu (*Por si se va la luz*, 2020), and Sara Mesa (*Un amor*, 2020). This neo-rural trend, utopian though based on indisputable economic, social, ethical, and ecological reasons, proposes, as a means of alleviating the problem of rural depopulation —the *empty Spain* defined by Sergio del Molino—, reverse emigration, a return to the countryside, promoting alternative lifestyles that are sober and respectful of nature and traditions: the world that Delibes describes in his novels and which today is the antithesis of the unsustainable and uncontrolled urban environment.

The New Rurality movement is also evident in filmmaking, notably in the pioneering *El cielo gira* (Mercedes Álvarez, 2004), which stands out for its committed discourse and technical quality, followed more recently by *Alcarrás* (Carla Simón, 2022), *As bestas* (Rodrigo Sorogoyen, 2022), *El agua* (Elena López Riera, 2022), *Suro* (Mikel Gurrea, 2022), *20.000 especies de abejas* (Estíbaliz Urresola, 2023) and *Lo que queda de tí* (Gala Gracia, 2025), to name a few of the most significant. These films clearly bear the mark and spirit of fundamental works of Spanish cinema such as *Furtivos*, by José Luis Borau (1975), *La familia de Pascual Duarte*, by Ricardo Franco, based on the work of Camilo José Cela (1976), and the adaptations of *El camino* (Ana Mariscal, 1962 and Josefina Molina, 1977), *Los santos inocentes* (1991) and *Las ratas* (1997), based on the novels of the same name by Miguel Delibes. One wonders what the writer would think of these novels and films that capture the spirit of his own, projecting it from a present and into a future much more uncertain than the one he knew and captured in his works.

Miguel Delibes, From Page to Screen: Relevance and Universal Values

JORGE GONZÁLEZ DEL POZO

> "At some point, I started reading your work and it was love at first sight. I was fascinated by everything you wrote, what you told, and how you told it." (Lola Herrera 22)

> "… he is the Spanish writer who has been brought to the world of visual media the most." (Ramón García Domínguez 17)

Extensive discourse has been dedicated to the importance, impact, and visionary nature of Miguel Delibes' influential texts, which still resonate today. As José Andrés Torres Mora concisely summarized his proficiency and presence on the centenary of his birth: "We celebrate one of the greatest writers of the second half of the 20th century, and also a humanist, a journalist committed to a strong defense of social justice, freedom of expression, and solidarity, and also a great advocate for rural life and the conservation of nature" (iii). However, the integrity and ethics conveyed in his novels have been translated to the screen as intensely emotional films. This collective book aims to emphasize the influence of his texts, reaching beyond the written word. Immersing into the world of film with a bold visual style, marked by inclusivity, moral integrity, and social commitment, it highlights the enduring emotional sensitivity that resonates with audiences who are drawn to his novels and the films based on them.

Delibes affinity and attraction to film, alongside with his acknowledgment of being an amateur, led him to critically assess what film could offer society.

Persistently attentive to projecting from his personal experience while extending it to encompass societal concerns, he devoted a great deal of thought to film. His daughter Elisa commented: "In any case, despite my father's continued contact with film, he does not consider himself an expert, but an enthusiast" (45). Valuing artistic expression, whether literature or film, set him apart from most of his contemporaries as an intellectual, a man dedicated to the literary arts. He was a man of his era while maintaining his uniqueness: "that is why his literature takes refuge, complicity, and echoes within western narrative currents" (Del Molino 123). Despite the influences and intertextualities of his time, Delibes' words resonate with truth, delivered in tandem with logic through his characters struggling with personal or social conflict. It's evident that in his struggle, he exposes issues beyond his personal experience to engage in a discussion with his audience, whether textual or visual, prompting them to reflect on their reality rather than being mere spectators of their present and future, as we see today.

This book aims to emphasize the relevance of Delibes through his film adaptations. As Soledad Puértolas made evident: "The reading of those pages written almost forty years ago is impressive. In them was a summary of the diseases that threatened to spread through society, and that at that time were beginning to show. Although, they were not with the virulence they exhibit today. The concerns expressed by Miguel Delibes in that discourse perfectly summarize the great problems of our world" (i). One notable characteristic of this Valladolid-born author is his ambitious spirit and desire to transcend without illusions or exaggerated twists but with a sense of normalcy achieved through contextualizing each narrative. Despite challenges in many scenes, common sense is the main driving force. Delibes' profound commitment to his direct and indirect surroundings developed in a way that showed his aspiration for his stories and their depth. This dedication is evident in the film adaptations of his works.

The impact of both individual actions and the people surrounding them have been pivotal in Delibes' body of work. His novels, which have been adapted into films, rely heavily on plot twists with climactic moments leaving his characters and viewers deeply affected. These adapted pieces leave lasting images in the viewer's mind; for instance, the exquisite portrayal of these folks and the *milana bonita* by Mario Camus has become ingrained in the collective cultural imagination. This film is one of the most classic and thought-provoking examples that generated socio-cultural ramifications within Spanish society. Delibes was specifically concerned with contemporary issues surrounding rural life, childhood, environment, and struggles of underprivileged populations. He asserts that over time the main concerns have not changed, even if they appear in different forms or contexts. However, there is room for debate on whether these sensitivities have evolved as time progresses. Nonetheless, Delibes was already focused on identifying the essence and root of these issues.

The serene poetic portrayal of the countryside, specifically its beauty and the harshness of nature, seamlessly transitions onto the screen. What was once a mere backdrop, becomes a vital protagonist in Delibes' work. We see this emerge in his novels as a fundamental development of the plot, asserting itself as a unique and necessary element for human development and vital spectrum of society: "In Delibes', nature is not a removable decoration, it is not summarized in a strong of perhaps dispensable anecdotes: it is one of the keys to his poetics, and not a minor one at that" (Gómez Moreno 89). Delibes was able to anticipate realities that politicians and private initiatives fail to see today, seventy years ago: the rapid decline of the countryside and rural life in an accelerated, primarily urbanized, and essentially disconnected society. While other authors hadn't yet thought of addressing issues of depopulation or the emptiness of Spain, Delibes was already critiquing the lack of opportunities leading to migration from the rural areas to cities and the resulting uprooting. He bitterly highlighted that with the loss of rural life comes a loss of its culture, values, practices, customs, words, and expressions (cf. Íscar Ordóñez ix). Delibes' works richly portray the significant loss of uprooting as opposed to global citizenship that holds much interest today. This was vividly depicted in his literature and undoubtedly echoed in his visual narratives where characters find themselves in unfamiliar situations, bound either by their circumstances or by the decline of rural life and its consequences. Delibes perceived this, and was able to boldly denounce the relentless pace of society that waits for no one.

Delibes' passion for film and visual storytelling stemmed from his "lifelong role as a spectator, who went to the theatre a couple of times a week, drawn to the intimacy, darkness, and silence that it offers" (Marchamalo 12). This enthusiasm and enchantment of projected images did not confine him solely to writing film; the undeniable allure of bringing his works to the big screen remained, especially within the national film industry which adapted a significant portion of his novels. This aligns with the established tendency of Spanish film to adapt literary classics. His profound knowledge and ongoing engagement, both as a viewer and critic, led to his recognition as a film theorist over time: "For more than forty years, from 1953 to 1999, Delibes sporadically but continuously, published a series of press works, demonstrating admirable film theory" (Gil Albarellos Pérez Pedrereo 227). Despite some loss in adaptation, the directors who brought his works to the screen embraced and integrated his worldview into their films. As Luis Mateo Díaz clarified: "Delibes listens and watches [...] he possesses a peculiar and complex view of the world" (244). Delibes understood the potential of film not only as entertainment, but to present lives to viewers in a condensed and intense manner. Delibes was drawn to the cinema, not for its narrative techniques but for the worlds that paraded across the screen of the Lope de Vega theatre and Roxy cinema in Valladolid (cf. Alonso de los Ríos 11). When adapting his texts to film, the contrast focuses on the realism that Delibes portrays and the director's interpretation of his vision. Instead of focusing on naturalism, the emphasis was on still landscapes and lingering gazes on the screen, capturing the lyricism of his texts through lasting imagery. They offer a light that the novels do not provide; another layer in the representation of his imagination (cf. Herrero 45). The ability of his texts to flawlessly integrate into film invites a narrative style that is simple, yet it contains a complexity in its rich background which prompts analysis and contemplation.

Delibes' adaptation of his work doesn't diminish the lasting impression he leaves on readers; it refines the texts to offer viewers a more impactful and compassionate experience that draws them in, pursuing the themes to deeply influence the audiences: "… the film of Miguel Delibes is boldly political, tragic, and dramatic. Much like Michael Haneke's film, it unveils the failure of social structure, the loneliness of people, the helplessness in understanding life and death, and the widespread social and global injustices. Perhaps, the only solace from this existential absurdity lies in love …" (Tolentino 37). The international, political, and social dimensions of Delibes' work are evident in their film adaptations, many of which have become the epitome of controversies within the collective imagination. They illustrate themes such as class disparity, the importance of democracy and citizen participation, family unity, aging, mortality, love, the grief of loss, as well as the longing for a simpler life now slipping away. While only a sample of Delibes is being analyzed here, a vast amount of his work was brought to cinematic screens.

> The titles of Miguel Delibes continue to succeed as his prestige grows among critics and readers. In 1962, Ana Mariscal adapts *The Path* (*El camino*) for the big screen. It would be the first of a long and fruitful tie of Delibes with film. Over the years, nine of his works would be turned into films, some of them with enormous success. For instance, the unforgettable *The Holy Innocents* (*Los santos inocentes*) (1984), directed by Mario Camus, where Paco Rabal and Alfredo Landa received the Best Actor awards at Cannes for their performances. Additionally, *Daddy's War* (*La guerra de papa*), an adaptation of the novel *The Dethroned Prince* (*El príncipe destronado*) directed by Antonio Mercero in 1977, starred Verónica Forqué, Héctor Alterio, Teresa Gimpera, and the child Lolo García, who portrayed the mischievous and amusing Quico. In 1976, *English Portrait* (*Retrato de familia*) based on the novel *My Idolized Son Sisi* (*Mi idolatrado hijo Sisí*) directed by Antonio Giménez-Rico, starring Miguel Bosé and Mónica Randall. There is also *The Disputed Vote of Mr. Vayo* (*El disputado voto del señor Cayo*) (1986), also directed by Giménez-Rico, with Lydia Bosch, Iñaki Miramón, Juan Luis Galiardo, and once again Paco Rabal among the protagonists. (Marchamalo 54-7).

In this piece, we delve into various adaptations from Delibes' literature, for instance, "The Country of the Night: From *Five Hours with Mario* to *Night Show*" by Hilario J. Rodríguez. Here, Rodríguez examines the adaptation of Delibes' *Five Hours with Mario* (*Cinco horas con Mario*), discussing its transfer from theatrical text to film, its perceptions, intertextual relationships, and the significance of Lola Herrera's role within and outside the films. *Miguel Delibes, Literary Realism* by Iván Baena González analyzes the adaptation of Delibes' novel *The Dethroned Prince* into the film *Daddy's War*. He focuses on the historical-literary contextualism anchored in realism and sociopolitical context during the film's release. "Land of fields, Universal Castile", written by Juan Laborda Barceló discusses the adaptation of *The Rats* (*Las ratas*) and Castile's relevance as a metaphor for tradition and a desire for change. He explores how Castile is portrayed as losing time due to its characteristics. Additionally, Fernando Marañon's article focuses on the 1964 film adaptation by director and actress Ana Mariscal, entitled "*El camino:* First Adaptation, Last Recognition". He highlights fidelity to the original text and connections with the author's realm alongside a character's transition from childhood to adulthood. Rocío Alés delves into the world of Spanish rural activism through a multidisciplinary analysis. Alés discusses issues surrounding abuse of power, ignorance, and the misery that Mario Camus portrays in the film in her article "Deep Spain in *The Holy Innocents*: The Elongated Shadow of the Trapped".

The seamless blending of literature and film, and the adaptation into the latter is clearly observed in Delibes' work, as his film adaptations show how deeply intertwined these mediums are. Delibes' progressive approach consumed everything he created; as noted by Sergio Del Molino, his novels are carefully crafted works that go beyond character and plot: "From *Los santos inocentes* and *Las ratas*, I admired the disregard for capital letters and the determination to minimize a small world beyond their plots and characters turned the novels into almost a visual poem" (120). The small world that this critic and author refers to is that of the general population facing fundamental issues of humanity. Delibes' intentional omission of the theatrical and his subtle way of presenting extremely serious situations in a normalized manner elevates his novels into timeless pieces. The visual poetry that Del Molino alludes to creates moments of silence and strokes of emotion within the often-rural life that is unknown to the average reader and viewer. This approach, whether on horizontal paper or a vertical canvas, portrays his storytelling as more lyrical and contemplative, leaving a profound impression on his audience. While Delibes was not a filmmaker himself, he possessed a profound understanding and level of appreciation of the artistic medium of film and its cultural significance. He acknowledged the reining balance between visual expression with the message and mass phenomenon that film can transform the viewer and adapt movements. Delibes understood how film as a collective art goes beyond the creator to impact the viewer. He commented on the influence of his work: "Today, film constitutes the most direct and influential weapon on the masses [...] As a spiritual vehicle and even as a long-term economic investment, we consider that the cinematography deserves meticulous attention and positive support from the authorities..." (304). Despite the passage of time and the evolution of society and entertainment, Delibes maintained a distance from the film while still embracing its potential. He approached it to such an extent that he has left a legacy of adaptations incomparable in national literature.

One cannot fully encompass Delibes, which is a limitation acknowledged in this book. This uncontainable breath in his creations fuels our celebration of his work. The honesty with which Delibes speaks within the realm of his written work is extended impeccably to the films. The different sections that compose this book praise this in the film adaptations of his novels. Many critics believe that Delibes' portrayal of human values in his films reaches a legendary stature on the big screen. As society drifts further from its roots, there is an increased necessity for human connection. The authenticity that emanates from Delibes' texts is reflected in the images of these films. Ironically, the way Delibes presents his seminal essence creates a paradox: it becomes increasingly intangible yet remains continuously sought after. The fundamental aspects of humility and integrity embodied by his characters create a preserved and unreal *locus amoenus*. It is contradictory, yet serene in an adapting, satirical, and realistic environment. Even though these aspects are anchors that are more essential than ever, they are slipping away in modern 21st-century life. Consequently, the relevance of Delibes lies in his ability to reintroduce necessary values that are becoming blurred amidst the whirlwind of modern influences.

The universality of Delibes and the importance of film is astonishing because the author managed to connect with his time from outside of his work on several occasions; for instance, he wrote from a provincial capital of a second-rate country, isolated from the intellectual currents of Europe: "He didn't burn Paris or get drunk in New York; he knew how to be modern from the periphery of the periphery" (Del Molino 123). That characteristic and practically archetypal Castilian way of being manifests as an understanding of how to reside on the margin with complete tranquility, feeling comfortable on the outskirts without the need for extravagance or acknowledgment. Delibes, aware of the limitation of comprehensive perspective across space and time, expressed himself through his writing and aligned himself with film. This is a sort of duality that connects the importance of personal life with general, collective, and vital concerns while understanding that no single factor can profoundly modify human existence in isolation. The commitment to art and its dissemination is persistent in Delibes' work, with an understanding of the reflection of reality with a peaceful demeanor and responsibility toward his fellow peers. He has always been criticizing and calling attention to what he considered unjust. Over time, whether in film or literature, he has made significant cultural contributions. His work is deeply rooted in its context, yet it remains intimate and accepting: "Delibes is a fully current author, not only because he is still widely read, but because the major issues that agitated him are part of the transcendental debates that are open today. For instance, the situation of rural Castile and its people, which he described with much despair and anticipation of the concept of 'emptied Spain' along with his concern for the deterioration of nature" (Puente Santiago vii). The significance of this author is directly linked to contemporary issues surrounding retirement and rest. Although they are not explicitly stated, the state and mental well-being of mankind are presented as issues that require an integration into a society that has not benefited, including those who are marginalized. The relevance of Delibes lies in his honest, yet perceptive, writing that is translated to film in a noble manner that seeks to solidify the plot and accumulate details with a local and approachable tone. His work is understood by anyone who approached his novels or their adaptation from any point on the globe, thus transcending the barriers of his time and his beloved Castilian region.

Bibliography

Alonso de los Ríos, César. "El espectador Delibes". En *Miguel Delibes: La imagen escrita*. García Domínguez, Ramón, ed. Valladolid: Semana Internacional de Cine de Valladolid, 1993. 11-4.

Delibes, Elisa. "Mi padre y el cine". En *Más allá de las novelas. Delibes, el cine y el teatro*. Madrid: Comunidad de Madrid, 2021. 43-48.

Delibes, Miguel. "Escritos sobre el cine". En *Miguel Delibes: La imagen escrita*. García Domínguez, Ramón, ed. Valladolid: Semana Internacional de Cine de Valladolid, 1993. 257-360.

García Domínguez, Ramón. "Historia de una fascinación". En *Miguel Delibes: La imagen escrita*. García Domínguez, Ramón, ed. Valladolid: Semana Internacional de Cine de Valladolid, 1993. 19-60.

---. "Introducción". En *Miguel Delibes: La imagen escrita*. García Domínguez, Ramón, ed. Valladolid: Semana Internacional de Cine de Valladolid, 1993. 15-18.

Gil Albarellos Pérez-Pedrero, Susana. "El cine y yo. La mirada crítica de Miguel Delibes". En "La escritural plural de Miguel Delibes". *Archiletras. Revista de Investigación de Lengua y Letras*. Vol. 1. Verano, 2021. 227-42.

Gómez Moreno, Ángel. "Miguel Delibes o el cuidado de la edición". En "La escritural plural de Miguel Delibes". *Archiletras. Revista de Investigación de Lengua y Letras*. Vol. 1. Verano, 2021. 79-90.

Herrera, Lola. "Recordándote". En *Delibes*. Valladolid: Fundación Miguel Delibes, 2020. 222.

Herrero, Fernando. "Las otras vidas de Miguel Delibes". En *Más allá de las novelas. Delibes, el cine y el teatro*. Madrid: Comunidad de Madrid, 2021. 49-59.

Íscar Ordóñez, Conrado. En VVAA. *Delibes*. Valladolid: Fundación Miguel Delibes, 2020. ix.

Marchamalo, Jesús. "El camino del escritor". En *Delibes*. Valladolid: Fundación Miguel Delibes, 2020. 21-64.

---. "Cinco horas con Mario y dos con Orson Welles". En *Más allá de las novelas. Delibes, el cine y el teatro*. Madrid: Comunidad de Madrid, 2021. 13-32.

Mateo Díaz, Luis. "Un día en la obra de Miguel Delibes". En *Delibes*. Valladolid: Fundación Miguel Delibes, 2020. 237-261.

Del Molino, Sergio. "La modernidad de Delibes, el último castellano libre". En *Delibes*. Valladolid: Fundación Miguel Delibes, 2020. 117-36.

Puente Santiago, Oscar. En VVAA. *Delibes*. Valladolid: Fundación Miguel Delibes, 2020. vii.

Puértolas, Soledad. VVAA. *Delibes*. Valladolid: Fundación Miguel Delibes, 2020. i.

Tolentino, Javier. "La sinfonía fílmica de Miguel Delibes". En *Más allá de las novelas. Delibes, el cine y el teatro*. Madrid: Comunidad de Madrid, 2021. 33-42.

Torres Mora, José Andrés. VVAA. *Delibes*. Valladolid: Fundación Miguel Delibes, 2020. ii-iii.

The Country of the Night:
From Five Hours with Mario *to* Night Show

HILARIO J. RODRÍGUEZ

> We love the place that we hate
> and we abandon it
> then we spend all our lives
> trying to get it back.
>
> Come closer now
> and reflect on your dreams,
> come now
> and consider mine.
>
> Terence Davies[1]

Besides being a matter of images, film is also a matter of voices. In this regard, everyone speaks, and wants to speak. Even in his silent films, Charlie Chaplin reminded us that the world was still ours even if it didn't seem so; he urged us to oppose it, to say "no". Each close-up of his speaks volumes, while every wide shot tells a story. Every voice, within film and onwards, belonged/belongs/and will belong to an actor or actress. However, sometimes

---

[1] As the hypnotic voice of Terrence Davies makes its way through the theatre in the beginning of *Of Time and the City* (2008), it's as if a time machine has been set in motion; these verses warn us that any journey into the past, like this documentary, with images of Liverpool is a combination of pain and hope – the pain of an old wound, and the hope of finally healing it. A similar effort was made by Miguel Delibes with *Five Hours with Mario*: an attempt to heal Spain's wounds after the Civil War, without omitting the good or the bad, neither the disdain from the past nor the helplessness of the present. *Night Show* (Josefina Molina 1981) also attempted a similar endeavor, firstly for Lola Herrera and Daniel Dicenta, but also for the viewers, for everyone who already lives in the future of their representations.

we fail to recognize who is speaking to us, no matter how familiar they sound because we haven't given them an identity. This happens, for example, when watching a dubbed foreign film. We see that the actor and the voice don't correspond, but for us they become one, not two separate entities. Visually, we see the actors and know their identity, but don't know the verbal identity, whose voices they belong to. For instance, Freddy Krueger in the *Nightmare on Elm Street* was voiced by Daniel Dicenta. Has anyone heard of him? Freddy was the teenage nightmare of the 1980s and 90s; could we then say that Dicenta's voice embodied the same teenage nightmare of the 80s and 90s? Maybe he had been the voice of an earlier nightmare? The situation is complex. We hardly know anything about Dicenta presently, unless we recall that he was married to the actress Lola Herrera in the 1960s. Then perhaps yes, we do remember him. Who doesn't know of the great Lola Herrera? Dicenta passed away a decade ago, and Herrera is still alive and active. Few remember Dicenta, only those who can identify him through the dubbing of the actor Robert Englund into Spanish. It's not difficult for Herrera because she always worked in front of the public, especially in the theatre, performing for over forty years as characters like Carmen in *Five Hours with Mario*.

Five Hours with Mario is a novel written in the second phase of Miguel Delibes' career which started after resigning from directing the newspaper *El Norte de Castilla* and spending six months as a visiting professor in the United States. The novel is structured as a monologue and once again demonstrates the extraordinary ear of the Valladolid writer to articulate voices previously unheard in Spanish Literature. His work celebrated nature, encompassing plants, animals, pathways, and those who traverse them. It vouches for the preservation of small towns and communities, including the ways of life, the speech, and idioms on the verge of disappearing without leaving tangible traces behind. It is a piece of work that gives voice to the voiceless. Are there Delibes' novels without dialogue, monologue, or soliloquies? Are there any of his characters who don't ever voice their thoughts? Curiously, *Five Hours with Mario* is not about a child, peasant, or retiree, which are all common presences in his books throughout his literary career. Here, it is about the voice of a bourgeois woman who watches over her husband's corpse and gradually reveals what lies beyond her pain and sorrow: the limitations of her intellect, her obsessive nature, her immense vanity, her alarming classism, her tendency to exaggerate things, to distort reality, to lie to all, including herself. She is not a well-rounded, definitive character; as confident as she may seem, she is a walking contradiction. Her voice possesses something sorrowful, a visceral loneliness that hinders judgment, as if, instead of being her own voice, it was the voice of Spain. Her voice reflects the sentiments of several generations who, consciously or unconsciously, became accomplices of Franco's regime, saying yes just to say something, because otherwise they would remain voiceless for all of eternity. Nonetheless, within the accomplices mentioned, there very well could have been victims. Referring to the protagonist of his novel, Delibes asserted that "if there are women like this in Spain, it is most likely because men have contributed to their construction, to their particular and detrimental design"[2].

Rarely seen in literary classics, *Five Hours with Mario* is an immortal piece in Spanish literature that has undergone continuous rewriting with notably positive results. The film adaptation, in a conveniently condensed form, alleviated certain repetition by removing some moments that could be omitted without risking the integrity of the text. It unified the scattered monologues and enhanced the visibility of the character Carmen. However, the most significant change occurred when the novel had become a theatrical piece, and Herrera had taken on the role of the main character in the documentary *Night Show*. The film was about the echo of a text and its projection of a divorced couple during Franco's regime who had not yet managed to articulate the reasons behind their marital breakdown, even during the Transition. On one hand, the theatrical work was shaped by Herrera's interpretation of it as she refused to be dominated by it; instead, she incorporated her own vulnerabilities, enriching it with ambiguity. This approach imbued the text with the comedically and satirical nature that

---

[2]   These statements are taken from Delibes, Miguel, and Pilar Concejo: "Interview with Miguel Delibes", *Anales de La Narrativa Española Contemporánea*, vol. 5, Society of Spanish & Spanish-American Studies, Philadelphia, 1980.

Delibes' presented in his novels. On the other hand, the cinematic gaze, mostly improvised, distorts the novelistic and theatrical structure, resulting in a strange cross between an Ingmar Bergman[3] film and a reality show. It is more realistic but lacks the awareness that it would attract viewers as compared to a Bergman film (which he made to be heard and seen) or a reality show (usually made specifically by and for the public, not those involved in the actual show).

When writing the first draft of his novel, Delibes kept Mario alive but soon realized that his liberal ideas would hardly surpass the constraints of censorship. That encouraged him to be more subtle, killing off the character from the beginning and obscuring his ideas through Carmen, Mario's wife, who is his first censor. In fact, thanks to her, there is an exercise in softening his ideas because she almost always questions them, and since he is a dead man, he can't do much harm. Despite the termination of prior censorship because of the Press and Printing Law of 1966, Delibes feared the book being banned, as it was a threat he had already faced several times throughout his career, until 1973 when he published *The Deceased Prince*. Even in the clever construction of *Five Hours with Mario*, which was devoid of traditional plot elements such as development or resolution, it also lacked intriguing or psychological depth in many of the characters, including Carmen. It featured temporal jumps indicative of a lack of mastery over time, discourse logic, narrative coherence, as well as alternating between drama and comedy; all of which is consistently observed under an ironic lens. The Valladolid writer knew that even censorship would evolve, and its pressure and demands would become more sophisticated, so he read between the lines and tailored his work, not letting his guard down.

---

[3]   When Ingmar Bergman had already won over audiences with his films of the 1950s and 1960s, it seemed very difficult for him to impress his fans. He directed a mini-series for television that was, in fact, one of his most influential works: *Scenes from a Marriage* (*Scener ur ett äktenskap*, 1973). For almost five hours, we see Liv Ullmann and Erland Josephson portray a married couple who separate, and over many encounters in the following years they try to understand what the reason was, never finding it. It prolonged a conversation in time as if it were endless, creating a distance between them that only increased with each attempt to reconcile.

In the book, we get to know Carmen and hear her thoughts with growing displeasure, not unlike the feeling of seeing ourselves in our grandparents or parents. The same opinions we often judge in others, we justify when it's us or our companions who express them: "The world needs authority and a firm hand" and "For the world to function, it needs military discipline." These are typical arguments of those who lack the intellectual capacity to confront the deeper complexities of existence, such as the bourgeoisie who fear losing their privileges with each societal change. These are observations that one could make when not realizing that social problems require a solution, not an eraser or suppressor, and without pointing an accusatory finger to the poor, working class, youth, or immigrants. Deep down, Carmen was and is all of us. She was just another guinea pig, a product of a merciless time of intellectual poverty and fear, a time of half-truths and many lies. That is how the entire country was thrown into a time of frustration, confusion, and anger. Even those who boasted about having a skeptical viewpoint towards the Francoist regimes did nothing except continually and secretly talk in hushed tones without being heard – including Mario. Those who, perhaps naively, believed that there was a good number of novelists or poets engaged in projects against the dictatorship were mistaken, which would come to light as soon as Francisco Franco died, and nothing happened. As years turned into decades and rust covered time, no novelist presented any definitive work written in solitude to any publisher; the country had spent almost forty years in limbo.

The media, especially in television, radio, and the press, are usually the most reliable sources of news about the most emergent global events; they give voice to everything around us. However, this also leads to certain nuances and mistrust. Currently, in an era of memes, AI-generated images, and fake news, it is difficult to know when to take something seriously, and where to find credible information. This was also the case during the Francoist dictatorship; there was always some kind of staging around the news to make them only partially understandable and to steer them towards more pleasant interpretations of events. It was then when literature and the arts became the true means of communication, the voices of reality. Luis Martín Santos, Juan Goytisolo, and Juan Benet provided this voice through an innovative approach with modern elements, suitable only for intellectuals. In that sense, Delibes preferred not to stray too far from realism and the public, despite the introspective nature of his first-person narrated novels, which add a certain subjectivism to his voice. While the former writers (Santos, Goytisolo, and Benet) began a literary career where literature forged its own path, Delibes chose not to venture alone, engaging with the avant-garde yet keeping ties with tradition. Delibes developed in tandem with other arts, including cinema and theater, which is why many of his novels were and still are being adapted, sometimes with slight changes to adapt to television, radio, cinematic and theatrical contexts.

After the publication of *Five Hours with Mario* in 1966, there was a sort of integration of female portraits that had begun to gain importance in Spanish literature since *Nothing (Nada)* by Carmen Laforet in 1945. These direct and indirect literary personas continued the tradition established in the 19th century with *Pepita Jiménez* by Juan Valera, *Fortunata and Jacinta* by Benito Pérez Galdós, including many stories and several novels by Emilia Pardo Bazán and *The Reagent's Wife (La Regenta)* by Leopoldo Alas Clarín. Of course, another masterful monologue starring a woman but, like *Five Hours with Mario*, was written by a man: *The Wretched Life of Juanita Narboni (La vida perra de Juanita Narboni)* by Ángel Vázquez. Emphasizing the female voice more than the female portrait, Delibes' work comes from a tradition that had solidified in the 19th century and continued in the second half of the 20th century. It emphasized the monologue more so than the dialogue, suggesting that the true essence of the female voice emerges in solitude, not in company. Women like Carmen in *Five Hours with Mario* only seem to be able to speak freely when speaking to themselves, and not with others, unless it is about death.

Josefina Molina, who was the first director with whom Herrera worked with in the theatrical staging of Delibes' novel, was amazed to see the effect that the work had on the actress. A month or so after beginning her performances, Herrera fainted in the middle of a show. Gradually, the text had been stirring things inside of her, it had become a kind of mirror that made her see herself; she projected into the character of Carmen. "Playing Carmen Sotillo is a bit like playing Lola Herrera." We hear this shortly after *Night Show* begins, the bold documentary that Molina proposed to Herrera and Dicenta to confront the personal demons lingering from their marriage and subsequent divorce. The parallels between the latter and the characters of *Five Hours with Mario* are astonishing, and above all, painful. After fainting on stage, Herrera had to be hospitalized, surely overwhelmed by hearing her own voice in the voice of the character she had been playing night after night. Both Herrera and Dicenta had to be attended by the crew of *Night Show* when the movie thrust them into a reality they had created some time ago that had surpassed them both, one they lacked an explanation for. For Herrera, it was because of her insecurities in their sexual relationship, and Dicenta because of the jealousy provoked by Herrera's increasingly established career and his inability to own the responsibility of fathering two children, whom he later abandoned without hesitation. Despite what has been said, it's not about who's right and who's wrong, they are both victims in their own ways.

However, as we hear them speak, the differences are obvious. While Dicenta's voice is deep, powerful, and somewhat roguish, Herrera's voice is gentle, clear, and hypnotic. His voice catches our attention but doesn't captivate us; we quickly set it aside as if stepping away from a drunkard. Her, on the other hand, embraces and protects us with the effect of a mother, somewhere between tenderness and determination. Let's not forget, in addition to the film and theatre characters he portrayed which not many remember, he was also Freddy Krueger. She also portrayed many characters, including Liv Ullmann's voice in *Cries and Whispers* (*Viskningar och rop*, 1972, Ingmar Bergman), although there is one that is unforgettable: Carmen in *Five Hours with Mario.* More than an actor and actress, they are two voices. We don't need to visibly see Dicenta to do his interpretive work, dubbing the actor Robert Englund when he voices the character of Freddy Krueger; as for Herrera, she is nearly motionless for almost two hours on stage next to a coffin where her husband lies dead, yet we hear her.

Presumably, Dicenta showed immense potential, succeeding in theatre at an early age, and it seemed he would soon ascend in film and television. Herrera started as a supporting actress after her radio singing career was thwarted, saving her voice from shipwreck. From then on, she became the true "author" of the theatrical version of *Five Hours with Mario*. Since its premiere on November 29th, 1979, at the Teatro Marquina in Madrid until just last year when she officially parted ways with her character, it has turned the actress into an immortal being, echoing the character. Oddly enough, neither the character nor the actress has experienced fifty years of actual life, during which Herrera's facial and bodily changes have mattered little, spanning her 44 years to the 87 she was in 2022, when she announced her last performance as Carmen in Delibes' work. Both the character and the actress have been able to grow together and adapt to the changes in society over the years with the performance of *Five Hours with Mario*.

Playing with the work of Dicenta and Herrera as voice actors, it's imperative to emphasize on the similarity between the character of Freddy Krueger that he voiced in *A Nightmare on Elm Street*, and the character of Liv Ullmann that she voiced in the Spanish version of *Cries and Whispers*. The adolescent fear experienced in introspection during the eighties, coupled with Ingmar Bergman's transition to television, exerted a noticeable influence on his films from the early 70s onward. These films became more mannered, dialectical, histrionic, and saturated, conveying a sense of desperation. It seems that the Swedish master was finally acknowledging the evidence that mutual incomprehension in an unavoidable aspect of human interaction. Freddy was a sort of psychoanalytic exercise for adolescents and the *peterpans* of Spanish culture in the eighties, among whom Dicenta stood out. Peter Pan and Ingmar Bergman immersed in an endless loop. The man dominated by affliction and the woman who endures all the pain in the world. The dead intellectual and the loud woman who watches over him. All of this happens in *Five Hours with Mario*. All of this was Dicenta and Herrera's actual experience while they were married, and when they decided to participate in Molina's documentary. They played themselves in the documentary in an impossible dialogue to understand what happened during their marriage of seven years that ended in divorce, forcing her to take care of the two children they had.

Delibes' novel describes a woman overwhelmed by the death of her husband who finds herself isolated after the funeral, prompting her to take the floor. As she begins to speak, fear of the regime and its followers emerge through her words, describing the second half of the sixties when the new generations no longer obeyed rules, when music (rock & roll, pop, psychedelia) began to sound hysterical to the older generation. This is also when economic development and openness to tourists began to empty the interior of Spain; a region of villages, and sacred traditions, one of respect for parents, silence towards authority, and celebration of Holy Week. Carmen vocalizes these concerns, along with others, that are small vendettas towards her husband, whom she will never forgive, for instance, for not letting her buy a car. Mario was contemporary from an ideological standpoint, but luxury was of little interest to him. He was interested more in social improvements, but not so much with technological advancements. He wasn't a man obsessed with things, but with ideas. That, precisely, was what distanced Mario from Carmen, who didn't like "know-it-alls" in the slightest. What she likes is authority, the stronger the better; what he liked more was balanced socialism, class struggle, human justice, and equality (interestingly enough, he experiences all these concepts in a somewhat conflicted and contradictory manner). Imagining Carmen and her husband together raises multiple questions proposed by perplexity, although we all know very well how mysterious the paths to love can be.

Many Spanish filmmakers in the 1970s and early 1980s became interested in giving a voice to layers of Spanish society that had never been heard from, beyond the peasants and working class that earlier filmmakers with neorealist influences like García Berlanga, Manuel Mur Oti, and Fernando Fernán Gomez had focused on. During the 1970s, the spotlight turned to different forms of marginalization, making it a goldmine for documentaries. To give a few examples: Basilio Martín Patino recorded the voices of four real executioners in *Dearest Executioners (Queridísimos verdugos)* (1977), Ventura Pons portrayed a transvestite in *Ocaña, an Intermittent Portrait (Ocaña, un retrat intermittent)* (1978), and Gonzalo Herralde captured the story of *The Murderer of Pedralbes (El asesino de Pedralbes)* (1979). The characters represented were not peasants, the working class, exiles, or political prisoners; officially and unofficially, they were just members of the "dark Spain", the shunned children. They were part of what the regime did not want society to see about itself, and at the same time, they were part of what society itself refused to accept. They were not the light; they were the shadow. They could be considered perfect monsters; executioners, queers, murderers. However, Ernest Hemingway would have said they were just the tip of the iceberg. Beneath the surface, there were many marginalized and silenced groups including children, the elderly, and members of the ETA who quickly went from regime opposition to terrorism. Others were of the diaspora of the defeated parties after the Civil War, the moles who had survived the dictatorship in hideouts or concealed between false walls, and there are many others. For decades, film had confused its cameras on conformists, just like Carmen in *Five Hours with Mario*.

One of the most obvious antecedents of *Night Show* was *The Disenchantment* (1976, Jaime Chávarri), which appeared a year after Franco's death and is still seen today. It is incredible that it managed to navigate the censorship that still prevailed in Spanish society at that time. It was a full-frontal nudity of the living members of the Panero family: the widow who was turned into a waste basket, and her three sons who turned into rabid dogs. The film was not only a portrait of a dysfunctional family, but also the portrait of a woman who has lived with certain servility towards her husband, a poet of the regime, and towards her sons, two of whom were poets as well. In general, it gave the feeling that poetry and culture had been the most oppressive instruments women had faced during the Francoist dictatorship. This is similarly found in *Night Show* when Herrera reproaches Dicenta for never sharing his readings, knowledge, and ideas with her, as if he despised her. It also happens in *Five Hours with Mario* where the main character is ignorant and uneducated, and the marriage between Mario and

Carmen are not meant to bring the two together and have them share everything; rather they are condemned to go their separate ways. Poets and wives, mothers and sons, divorced couples, literary marriages, actors, and actresses ... they all seem to exist in parallel universes, trapped in their own fears. What caused Herrera to faint on stage while playing Carmen was the discovery that deep down she herself was Carmen; a character whom the Valladolid actress has always described as a "bimbo", someone she never felt the need to fully interpret because a good part of that character resembled her, it was her own reflection.

Daniel Dicenta came from a family rooted in the world of theatre and literature. His grandfather had been an important playwriter, and his father was a respected actor. Herrera, on the other hand, had none of that. Her family was working class, from a provincial city, with little culture and even less money; nobody was famous there. It could be said that things were easy for him at first, although soon alcohol and his haughtiness would make it difficult for him; on the contrary, she had to work tirelessly and change course as she encountered obstacles, but over time her professionalism opened doors for her, ensuring that she never lacked roles to play. Dicenta was a man who came and went; his immense talent shook him when he drank too much and woke up with a hangover, where he got angry with his cast-mates and his bad temper got the best of him. He worked in bursts, like a phoenix, dying and rising from the ashes until his opportunities began to fade, and he ends up living poorly on pension. He was in debt and afraid of being seen in public due to his poor appearance after years of alcoholism. In Molina's film, we see him drink without restraint, going down a slippery slope he would not return from, even with the roles that Pilar Miró gave him. As for Herrera, we see her at work, preparing for the night performance of *Five Hours with Mario*, without bad habits and with great insecurity. She mitigates the negativity by walking with a friend, thinking about her children, and visiting a tarot reader in search of an unattainable future. She is a great actress, an efficient and capable worker, an exemplary mother, and friend.

Regarding the parallels, similarities and divergences in *Five Hours with Mario* begin when it is perceived that everything that is not Mario is Carmen. He remains silent, and his wife is the one who speaks. Her voice is that of a diminished being but also that of a marked resistance against misfortune. It is the voice of naivety and pettiness, complicity, and cowardice; the voice of someone who has always had to settle (her husband never wanted to buy her a car). Until one day she had enough (and she was unfaithful to him with a mutual friend because he had the car she desired so much and couldn't have; we can define her adultery, above all, as revenge). It is curious, however, despite being a character condemned to insignificance, Herrera's voice skillfully conveys the essential ambiguity, ensuring she does not solely embody the negativity. She oscillates between roles, capable of being both the executioner and victim, miserable yet naïve, authoritarian yet helpless. In *Night Show*, we see Dicenta as an extension of Mario from Delibes' novel is not so lucky; we see him in solitude, emerging from an unknown origin with a destiny that doesn't seem very promising. He is fated to lend his voice to Freddy Krueger, entering the dreams and nightmares of young individuals, perhaps even his own. We are overwhelmed by thousands of thoughts from him, and the luck he may have had since his divorce from Herrera. Many doubts related to Mario in the novel and the play also overwhelm us, such as if things have gone well for Dicenta emotionally since his divorce from Herrera, and if he found a more suitable partner. We question if his career progresses or declines, if his dreams came true or if they finally turned into the teenage *Nightmare on Elm Street*.

In *Night Show*, Molina wanted to bring to light the emotional and sexual enemies a couple had faced during the Francoist dictatorship, confident that this couple could serve as a mirror for several generations. They were people born within the constraints of national-Catholicism, too submissive in certain respects. Although in this sense, Dicenta behaved as the rebellious member of the marriage, and Herrera was the devoted wife and mother who later in her life lived almost entirely with her grandmother then mother. In the documentary, the actors meet fourteen years after their divorce, under very strict conditions: their conversation will be followed by eight hidden cameras in Herrera's dressing room, so they don't feel as though they are being watched, much less filmed. Even though there wasn't a script, they needed to keep in mind certain topics they should develop and address throughout their conversation. They need to focus primarily on things that had previously been censored; sex, parenthood/motherhood, work, and family. From this, came the starting remarks from Herrera about her expectations on her wedding night and her disappointment (which highlights that she and Dicenta had not had sexual relations before). He, on the other hand, opens up and tells her about the jealousy and envy that consumed him when he saw her succeed while he slowly saw his own career fade.

The filmmaking methodology that Molina used in *Night Show* still conveys a deep immediacy and sense of naturalness today. Even the editing, with its sometimes-odd twists and digressions to the peripheries of the story, gives a sense of truthfulness and lack of artifice almost as if everything had been captured with hidden cameras. Much of this effect was provided by the fact that the conversation between Dicenta and Herrera was filmed continuously, without cuts. The filmmaker explained in an interview during that time: "the shooting was in real time, an hour and three quarters, which I respected, letting everything be said in the moment; the only things I cut were the repetitions"[4]. None of this prevented critics at the time who found the results artificial and even disgraceful because they felt that the film had gone too far in its exploration of the marital relationship that the two actors had once had. In the press and in specialized magazines, phrases were written such as "lying to the camera is always easier than telling the truth", as well as "dirty laundry is washed at home". Despite everything, Molina was very clear: "it's never bad to verbalize the problems you have; Lola and Daniel have had the unique opportunity to step out of themselves, to objectify themselves."

Night Show was a film ahead of its time, perhaps too much so; if it has not been sufficiently recognized, it is because of its truthful and

---

[4]   Statements collected in Contreras de la Llave, Natalia, "Interview with Josefina Molina", *Quaderns 5*, Valencia, 2010.

introspective nature regarding marital life. It was a taboo that was not addressed publicly during the dictatorship, and not even afterwards during the first five years of the Transition. Perhaps, it was also overlooked for showing an ideology that today we would consider feminist, without the current dialectical line but same objectification of restoring women's voices and making them more visible. It equates them to men, without the need for them to show the same ideas or life goals, allowing them the doubts and uncertainties that plague any human being. According to Molina, "when a woman speaks about her point of view regarding another woman, it seems like feminism, but in reality, men do that constantly, and no one accuses them of machismo"[5]. Her film, without the recognition it deserves, is reminiscent of others that in the international area of the 1970s, sought to question female identity through film. It was self-affirming solely by the mere act of making women's statements public, in some cases fictitious and others real, as in the case of *Night Show*. The film is not just a means of personal confession, where intricacies of private life spill into the public sphere; it also serves as a cinematic space to examine the roles of women in Francoist Spain, outdated in the perspective of any women over eighteen by the late 1970s and early 1980s, a mere five years after Franco's death.

There are many scenes in *Night Show* where we see Herrera walking through public spaces, asserting her presence within them, perhaps to give a more intense importance to the moment she appears before an ecclesiastical tribunal. There, she carries out the necessary steps for the annulment of her marriage, symbolically signifying a redefinition of herself and a search for her identity beyond the limitations of marital ties to a man. Additionally, she is depicted in a scene consulting a plastic surgeon regarding the potential for breast surgery. This moment highlights the film's role as an extension of *Five Hours with Mario*, providing a contemporary update in the early 1980s to a theme that was scarcely acknowledged when the novel was published in 1966. Now, after many years of being more fiction than reality, it has become an integral feature of contemporary life.

---

[5]   Ibid.

Sometimes, through the unpredicted path of cinema, films that are very dissimilar and separated by time and space manage to elicit the impression of them intersecting. This happens with *Of Time and the City* and *Night Show* which are both very *sui generis* documentaries, both journeys into the past, both rockets, time machines. Terrence Davies revisits his childhood in Liverpool, discovering the hallway that leads him to present-day Liverpool without dragging along the traumas of his past, while in *Night Show*, two very real actors travel to their past through film to try and articulate the words that were previously withheld from them.

Recently, in the Spanish Television program *La matemática del espejo*[6], Herrera confessed to Carlos del Amor that in *Night Show* she was finally able to say what she had kept silent about when separating from Dicenta. She had refrained from speaking due to the weight of the dictatorship not allowing her to communicate in the language that was lacking for all women, and to which Delibes had tried giving shape to with *Five Hours with Mario*: "For me, Josefina's film was a liberation but at the same time it was very painful. I won't live long enough to thank Daniel for being there because I didn't realize what it meant for him; I just know that he had a very hard time until the end of his life. I kept moving forward; unfortunately, there is always someone who gets left behind".

Technical Details

> **Original Title**: *Función de noche (Night Show)*; **Year**: 1981; Duration: 90 min.; **Country**: Spain; **Director**: Josefina Molina; **Screenplay**: José Sámano and Josefina Molina (with fragments from the theatrical version of *Five Hours with Mario* by Miguel Delibes); **Cast**: Lola Herrera, Daniel Dicenta, Natalia Dicenta, Juana Ginzo, Rafael del Pino, Jacinto Bravo; **Cinematography**: Teodoro Escamilla; **Genre**: Drama.

---

[6]   The TV show can be accessed here: https://www.rtve.es/television/20230615/lola-herrera-funcion-noche-se-arrepiente/2449329.shtml

Miguel Delibes, Literary Realism

IVÁN BAENA GONZÁLEZ

Critical View of Reality

Miguel Delibes' narrative, considering his novels, is genuinely realistic. It is well known that his literary output, especially fiction, has been shaped by its reference and connection with social reality. With his narrative, Delibes delves into the human condition – both social and individual – as an essential part of reality by incorporating physical and philosophical aspects: the representation of a reality that already exists, and the allusions to that reality. In essence, the reality that is perceived, and the reality that is recreated. Beyond the purely artistic pleasure, his narrative encompasses a source of historical understanding relative to Spanish society in the 20th century. However, it is worth noting that his literary style doesn't simply mimic reality. Despite the guidance of the physical and philosophical backdrop, it is accompanied by the inherent creativity in the characters and the environment they inhabit. Whether realistic or not, every novel represents the social reality it surrounds as a product of time, similar to what happens within film; it is marked by the author's awareness and idea of the society that he aims to portray. Consequently, realism in literature is the interpretation of essential reality through fiction. Serving as examples are the present novel by Delibes, *The Dethroned Prince* (*El príncipe destronado*) (1973), and its film adaptation directed by Antonio Mercero, *Daddy's War* (*La guerra de papa*) (1977).

From his own perspective, Delibes creates a series of novels with a unique skill for integrating psychological and personal experiences based on tangible sociological awareness. As seen in *The Dethroned Prince*, the writer weaves stories that define societal awareness in general, and in specific individuals. To understand reality and examine it through his writing, Delibes' realism proposed a "social testament". His characters are taken from a living reality, many of them even from his individual experiences[1]. Delibes demonstrates how his own consciousness reveals the world, and how it ultimately confronts itself through literature. His narrative demonstrates the "denunciation" of the society it represents, and puts up with, which is presented with a pessimism that is occasionally mitigated by irony. His high sociological and psychological devotion, along with his sensitivity to values including freedom and dignity, is reflected in the self-representation of his characters. With a critical, progressive, and liberal attitude within the foundation of his time, he faced a society far from principles concerning independence, well-being, and justice.

As we see in *The Dethroned Prince*, Delibes' realism is notably detailed. Along with his reflective ability that is suitable for a good theoretical sociologist, he has an unusual ability to describe human nature, both physically and spiritually. As expressed in his novels, he requires a range of ideals, habits, and environments. He meticulously portrays a variety of physiognomies, gestures, interpersonal relationships, furniture, and ornaments to sociologically contextualize his characters, supported by psychological insights. Delibes' narrative consistently revolves around themes such as compassion, death, and religion, as well as activities like hunting, traveling, and contrasting urban and rural Castilian landscapes. Childhood, the challenge of being a "child" and the fear inscribed in it along the complexities of life, abandonment, religious disapproval, and moral principles in social contexts are not only evident in this novel but are also presented as matters of the utmost importance in his work.

---

[1]   "I transfer the problems and anxieties that plague me to my characters", the author confessed to César Alonso de los Ríos in their *Conversations with Miguel Delibes*, Barcelona, Destino, 1993, p. 58.

The Dethroned Prince

The representation of reality, both for the characters and the society they live in is not always mere artistic and intellectual fiction. The author often incorporates an abundance of events into the narrative reality, both those referring to himself and those discovered through his social experiences[2]. After discovering the difficulty of fatherhood and the usual uncertainty that surrounds it, the Valladolid writer places the novelty of the story in the candid gaze of childhood to explore the depths of an era. As a fundamental element in his literature, childhood resonates strongly within this work. However, unlike his previous work, his protagonists are placed in an entirely urban setting. In an effort to depart from the usual rural setting, the author situated his characters in an apartment building in the provincial capital of Castile. The plot, subject to an entire day, unfolds mostly within the four walls of a luxurious residence, most likely in his hometown Valladolid.

Many were surprised by Delibes' return to a child protagonist. It had been eleven years since Nini, his last child protagonist, emerged with *The Rats (1962)*; however, considering the year of creation of Quico, his new protagonist, it had only been two years[3]. Accustomed to creating pubescent[4] characters, with this fiction piece he accepted the challenge of portraying a main character of only three years old, the youngest he had envisioned: "There have always been children around me. When I

---

[2]   Delibes testified that "when one writes, not only about children but about any human being, the writer engages in a search of memories, experiences, moments. A hunt in the inner forest of oneself". In "La infancia, una constante en la narrativa delibiana" (Childhood, a constant in Delibes' narrative), *Miguel Delibes, Spanish Literature Award*, 1991, Madrid, Ministry of Culture, 1993, p. 240.

[3]   *The Dethroned Prince*, first published in 1973, had been completed between March 15 and April 21, 1964, but the lack of interest in the text from his editor - and good friend - Josep Vergés forced him to keep it in a drawer for nine years.

[4]   Daniel, "el Mochuelo", Roque, "el Moñigo", y Germán "el Tiñoso" in *El camino* (1950); Sisí Rubes in *My Idolized Son Sisi* (1953); and the same Nini from *The Rats*. Also, some smaller and less relevant children like Pedro and Alfredo from *The Shadow of the Cipress is Long (La sombra del ciprés es alargada)* (1947); Mariuca-uca from *The Path*; or Senderines from his short story *The Shroud (La Mortaja)* (1970).

was born, I was the third of eight siblings, then I was the father of seven children, and now I have fifteen grandchildren. So, children have always surrounded me throughout my life. It was indeed a challenge". The Castilian author was right in affirming that anyone who expressed feelings could be the protagonist, regardless of age. With *The Dethroned Prince*, Delibes established that a child of three years old, apart from having anger, laughter, and tears, possesses their own means of expression. With character and brevity, we see how any character can live, find joy, and cry out amidst the hostilities and challenges of the family dynamic. Maintained by the idea that there is no adult completely lacking their childhood, Delibes projects the most vital issues of Spain in the 1960s through the eyes of a three-year-old. The author, attentive to everything happening around him, reveals the sociopolitical reality of his time in this narrative, captivating to a well-off family during Francoism. Without being as long or in depth as his previous works, Delibes presents us with a dehumanized, hypocritical, and tech-driven society that is more concerned with social norms than individual values.

The Dethroned Prince, a profoundly humanistic novel, is defined by a genuinely urban spatiotemporal context. However, the author does not dwell on the classification of the city that surrounds him, as his interest lies solely in the description of interior spaces, both physically and emotionally. Through the approach to customs that tints his work, Delibes describes 12 hours in the life of Quico, a little boy who, after the birth of his little sister Cris, has ceased to be the "king of the house", and is the "dethroned prince". The characteristic of reality, exhibited by both physics and philosophy, suggests that all reality is dynamic. Internally, reality revolves gently from within, shaped by intrinsic perspectives. Externally, it responds abruptly to external influences, especially within interpersonal circumstances and societal contexts, demonstrating powerful and explosive manifestations.

Daddy's War: *Essential Adaptation, Twists and Themes*

Antonio Mercero Juldain (1936-2018), a director and screenwriter from Guipúzcoa, is known for his work in both film and television. He graduated with a degree in Law from the University of Valladolid in 1958 and soon after he became a film director, graduating from the Official School of Film in Madrid three years later. Early in his career in the capital, he made short films such as *Trotín Troteras* (1962), with which he graduated as a director, and *Art Lesson (Lección de Arte)* (1962), which won the Golden Shell at the San Sebastián International Film Festival. However, with the release of his debut film, *You Need a Boy (Se necesita chico)* (1963), he did not have the same success. As a result, he turned to directing his first works on television. In the 1970s and 1980s, the Spanish Public Television opted for a unique path in terms of content creation: offering producers the opportunity to create films that would later be submitted to international competitions. Faced with this situation, Mercero began filming *The Telephone Booth* (*La Cabina*) in 1972, the most symbolic work of his filmography, which was honored with an Emmy in the United States for best TV movie. Thanks to his work in television, Mercero created some of his most successful pieces. However, he never strayed from the principles of traditional film. Examples include series such as *Chronicles of a Town (Crónicas de un Pueblo)* (1971), *Blue Summer (Verano Azul)* (1981), *Office Shift (Turno de Oficio)* (1986), and *On-Call Pharmacy (Farmacia de Guardia)* (1991). Beyond television, he directed films such as *Daddy's War* (1977), *Wait for me in Heaven (Espérame en el Cielo)* (1987), *The Treasure (El Tesoro)* (1990)[5], *A Time for Defiance (La hora de los Valientes)* (1998), and *The Fourth Floor (Planta 4ª)* (2003), which filled cinemas across the country. Despite the ups and downs, Mercero's professional career shines brighter than it fades. It's easy to see why Delibes' literature is so desired for film adaptations; his prose is colloquial, approachable, and direct. It avoids indulging in overly sophisticated psychological introspections or chaotic lists. The sequential nature of his

---

[5]   Adaptation of the homonymous novel, *El tesoro* (1985), also by Miguel Delibes, in his second approach to the work of the writer from Valladolid.

novels, along with their length and distinctive linear structure, gives his narrative a cinematic quality of its own. This makes it easier for any film director and screenwriter to adapt his work. Motivated by his love for cinema[6], the cinematic language that characterizes Delibes' texts significantly influences his narrative style. This made his stories easily adaptable to the screen. As he himself stated, "adaptations consist of telling the same story through a different medium. The literary quality will be replaced by the visual quality in film, which doesn't always happen, but that's the goal". He also believed that "the film director should not show more conformity to the novel than the novelist does to the script". As he did with Mercero's adaptations, *Daddy's War* and *The Treasure,* Delibes gave filmmakers total freedom to adapt his texts; he even visited film sets, enjoying this unique creative process.

Daddy's War, a recurrent phrase of the protagonist, became the title for Mercero's distinctive adaptation of Delibes' eleventh novel in 1977, *The Dethroned Prince*. In a period of liveliness, between Franco's death in 1975 and the enactment of the Constitution of 1978, Mercero used comedy to criticize a pre-democratic society on its deathbed. The change in title, likely motivated by commercial or political reasons, gives significance to Mercero and his producer, José Frade, approach to the film. If Delibes' story revolves around the sense of abandonment the protagonist feels after Cris' birth, the film focuses more on depicting a family, sympathetic to the Regime, navigating the post-war era and the dwindling days of Francoism. However, this new perspective does not diminish Quico's role, as he remains and even enhances the climax throughout the film. This was a true cinematic success, as the film remained in theatres, in some venues, for over a year. However, the film did not receive the expected response, as the press – in the early years of the transition – labeled it as biased, and the mainstream media tried

---

[6]   Paraphrasing Delibes himself, here we recall his beginnings as a viewer of silent films and films for children, at the Hispania cinema in his hometown of Valladolid, as he himself commented in *I've Said* (*He dicho*), Barcelona, Destino, 2006.

to suppress any content related to Francoism. The film premiered on September 19, 1977, at the Albéniz Cinema in Madrid.

This filmic and literary approach to the social and political reality of the 1960s and 70s stems from Quico's hardship, an angel faced child, upon the arrival of his little sister, Cris, who has pushed him to the sidelines. In this context, with the 'dethroned prince' in the background, Mercero presents the daily life of a large family in the post war where all kinds of events unfold over the course of an average day in 1964. The psychological pressure of a new sibling, leading to unexpected rivalry, is intensified by the natural tension arising from the protagonist facing new restrictions imposed by adults. Faced with this situation, the child experiences random outbursts of astonishment, jealousy, and helplessness. These elements, among others, which make Quico an extraordinary character, hinder his survival and lead to execution of strategies, both defensive and offensive, against distress. A play of lights and a morning shout, "I'm awake!" ("¡Ya me he despertaoooooo!") expressed by the mischievous Quico, served as the starting point for Mercero to begin his adaptation. From there, we discover the domestic setting where the protagonist's vigor unfolds. A life that takes us back to the heart of an era where childhood coexisted with comics such as *How the West was Won (La Conquista del Oeste),* el Chupachups y el Cola Cao, where calcium was eaten by the spoonful, where doctors administered injections at home, and where smoking in a doctor's office was as casual as smoking at home. All this culminated, as observed by Quico in his innocent reflection, accompanied by melodies of Roberto Cantoral, Juanito Valderrama, and the *madison* of the moment.

A Family at War

Similar to the novel, one of the underlying aspects in the film, and in Spanish society in the 1960s and 70s, is the Spanish Civil War. However, we must consider other rationalizations to find a broader and more accurate significance of the title. This title obviously suggests aspects of violence that should not be ignored, yet the director's premise lies in portraying a confrontation where the adversaries are without weapons. The war that Mercero describes in his film, is in fact purely psychological. In this particular conflict, Quico, banished from the original stronghold where Cris now resides, does not directly deal with his sister, but with his psychological-emotional situation. The little boy tries to return to his initial paradise, with his mother's affection, using all sorts of tactics. Although, his hostile tendencies are not directed towards his sister; she is not his direct opponent. In reality, indifference and detachment are his only adversaries.

Despite the title, *Daddy's War*, it is the mom who finds herself in an endless war. Over the course of twelve hours, she constantly faces challenges from the maids, household demands, her own stability, caring for her children, and above all, engaging in a dramatic ideological and dialectical struggle with her husband. More than in Delibes novel, the Spanish Civil War strongly resonates in the central plot of the film, the epicenter of the controversy -the conflict- is projected in the dispute mentioned between the mom and dad. In this scene, various nuances of the conflict are presented. The mom, an oppressed woman, and the dad, a macho and aggressive man, hold radically opposite verdicts. While one proclaims it was a "holy cause", the other, less rhetorical but equally consistent, argues that "those things tend to be whatever we want them to be":

- Dad, tell us about the war.
- In war, there are only two concerns: to kill and not to be killed. The bad things are peace, the stock market, the visits, responsibility, the commands, and work conflicts.

The mother, equally exhausted and exasperated, initially appears more receptive to smoothing things over, to believing that in war everyone loses and there is no party possessing the whole truth. Meanwhile, the father, a combatant on the Nationalist side, advocates the goodwill of his position, and the severity of the opposing side. To such an extent that he brags of having killed more than a hundred "bad guys", trying to instill his values in his children, who are more inclined to see him as a hero. Simultaneously, he even admits that they should have killed his father-in-law, a Republican militant, when they had the chance. The wartime setting that sets the stage for the plot is also paralleled by the memory of the atomic bomb. It's crucial to remember the historical context in which the story is developed, as the Cold War between the United States and the Soviet Union following the Cuban Missile Crisis of 1962 is the global stage in which the characters are placed. The issue of military service and the growing concerns about possibly being transferred to Ifni or the Sahara, also functions as a metaphor for the war-like hostilities woven into the core of the household:

- Dad, our history teacher told us that if a bomb that fell from an American plane explodes, our corpses would be like sponges. Is it true?
- Sister Teresa says that those killed by atomic bombs are like a cork.
- Yes, they heard bells. Actually, the victims of atomic bombs turn into something like pumice stone.

Mercero brings the age-old issue of condemning the Civil War to the screen without hesitation, especially the stubbornness of a few who, even in the 1960s and 1970s, were willing to divide Spain into two antagonistic factions. The Civil War and the possible relocation to Africa lingers over Quico throughout his day of mischief and ingenuity because *Daddy's War* is, in fact, everyone's war: his parents, his siblings, the maids, and his own inner turmoil.

- Mom, will I also go to Daddy's war?
- No son, I hope not. Even though there are many who want the war to continue, in reality it ended a long time ago. There will be no more wars like daddy's.

It is well known that Delibes never simply settled for observing a particular event or era. As a mere portrayal of the depicted reality, his purpose was to criticize it. In line with his understanding of reality, the author questioned everything he considered abject and improvable. As captured in this novel and Mercero's adaptation, in his critique of social reality Delibes' judges and denounces the relationships among the members of any community in post-war times. As anticipated, his novel, in his distinctive discussion against political reality, presents an explicit conversation against dictatorship and all tyrannical regimes. Regarding his critique against the behavioral norms of individuals and the educational models of his era, he recurrently disapproves of the prevalent selfishness and traditional family education practices. Therefore, from this critical view of the environment, backgrounds emerge from his literature that trace the connection between individuals and nature, love, happiness, social outrage, death, and God. In short, Delibes was not captivated by the action of his stories, rather by the ideas and his characters' circumstances, which were ultimately drawn from his own reality.

Critique of Religious Reality: The Sin

Delibes' repeated references to the idealistic uniqueness of human values are notable. Educated in a moderate Catholicism (more precisely, in a compassionate Christian liberalism), he always defended human worth and the harmony between society and nature, progress and tradition, community and the individual. In his narrative, Delibes' Christianity is not a trivial matter, as it emerges as one of the pillars of his literature. The Castilian author, influenced by personal and collective upbringing and integrity, does not overlook the essential issue of religion in a nation predominantly and deeply Catholic at the time. The crafting of *The Dethroned Prince*, considering the traditional coexistence between the Church and the State, coincided with the celebration of the Second Vatican Council (1962-1965), where the fundamental viewpoint of "religious freedom" was proposed. In a society on the path to secularization, this contingency was essential for every person to express their beliefs unrestricted. Delibes deliberately organized his narrative sequentially; Tuesday, December 3rd, 1963, the day before the second session of this event. It is well known that at that time, Spain did not enjoy the religious freedom that the authors like Delibes' and Mercero yearned for. As a result, both used literature and film respectively as an artifice to delve into topics of great controversy and social depth. In this work, we see how a faith increasingly imbued with superstition is socially transmitted from parents to children. An example of this is the religious beliefs that young Quico acquires, stemming from the actions and speeches of the maids. Consequently, the spiritual beliefs inherited by the protagonist are conditioned by an undeniable obsession. That is why he forms a mental representation of a demon typical of the Middle Ages, with wings, horns, and a tail. Consequently, the religious foundation of the main character, as well as secondary characters, is presumed to be extremely weak.

Further reiterated in the novel, is the idea of sin. Quico lives in a small world where he regularly receives lectures on good and evil, on the volition of certain principles and their repercussions. Unfortunately for him, any type of misdeed inevitably becomes a sin, and a sin always becomes serious regardless of its nature. Hell, the dimension to which he will be expelled by the demon, regularly presents itself as a frequent consequence in his life. Thus, the protagonist's subconscious is filled with frightening ideas such as the fear of hell, sin, or his own wickedness. Essentially, we encounter a repressive morality that leads to the mortification of any action:

- Is it a sin Vito?
- A sin? A big one! If the demons catch you know, they won't stop until they leave you in hell.

Delibes' Christian perceptiveness against traditional norms is also revealed vigorously in his treatment of childhood. Regarding sin, he suggests that innocence does not lie in continuous benevolence, but in that affinity with life that people abandon in adulthood when consciousness clouds their capacity for wonder. Delibes and Mercero skillfully reproduce the world of childhood, with its affection for the immediate and its unity with the elements. Both works proclaim that only children appreciate the gift of life, celebrating with enchantment and gratitude as steadfast as fire, with the vigor of water, and gifts of existence. For Delibes, sin does not reside in the apathy or temptation that every individual endures, but in that Faustian greed for power, where one's neighbor is merely a physical body at our disposal. Thus, in accordance with the evangelical teaching, Delibes' presents himself as one of those Catholics who advocated for compassion over remorse.

In his framework of studying reality, the film unveils a series of radically different characters. Quico, skillfully played by Lolo García, is undoubtedly one of the highlights of the work. Mercero introduces us to a three-year-old boy who yearns to unravel everything around him. Taking to its logical conclusion, this little investigator explores his small world with his untainted innocence and a versatile tube of toothpaste, which in a time of scarce toys, serves as a plane, gun, and cannon interchangeably. He is an urban child, driven by the longing of maternal affection, for whom the confined space of his apartment meets his spatial needs. Quico, in his infinite naivety, accepts as valid everything his imagination projects for him. The sincerity of his innocence that is displayed in every scene, is the crux of the film's success as every viewer rediscovers the inherent nature of his own characters, and perhaps sees him in the happiest era of their own life.

It is evident that it is Quico who is the complete protagonist of the work, a responsibility that he occasionally shares with his siblings Juan (Eugenio Chacón) and Cris (Beatriz Díez). Nevertheless, their parental nurturing, especially that of the mother, is vitally important since their ideological perspectives are clearly rebellious. Their marriage, a prevalent circumstance in post-war Spain, is dysfunctional. An example of this is the disagreements between the spouses, brilliantly portrayed by Teresa Gimpera and Héctor Alterio, exploiting the presence of their son to ruthlessly criticize each other:

> – Quico, my son, if in this life you see the speck in your neighbor's eye before the beam in your own, you will be unhappy. The first thing you must learn in this world is to be fair, and second to be understanding. There are men who believe they represent virtue, and everything that deviates from their set of ideas is an attack on sacred principles. Do you understand, son?
> – Now listen, Quico. What hurts me as a truly honest man, is when someone questions the sincerity of my ideas. If I am honest, my ideas will be honest. On the contrary, if I am the crooked type, my ideas will be crooked… There

> are people who prefer to turn their children into delicate beings, rather than see them holding a machine gun like men.
> - Quico, son, ignore foolish words.
> - When you get married, Quico, make sure that your wife doesn't have the pretension of thinking.
> - In the world, Quico, there are overbearing people who believe that only their ideas deserve respect. Stay away from them like the plague.
> - Women belong in the kitchen, Quico!
> - Quico, son, beasts shouldn't live in the city.

During those years, when divorce seemed so distant, marriage was viewed as nothing more than a social and economic contract, sealed by a sacrament intended by sexual fulfillment with the primary purpose of procreation. From this traditional perspective, signs of change are detectable, as seen in some of the mother's actions. Although the idea of divorce, already in the conciliar years, did not end up influencing the Catholic community, we see how a woman flirts over the phone with Doctor Emilio in the final moments of the film:

> - Yes, we'll talk later... I don't dare... anywhere else... yes.... Of course... yes... I agree... agreed... I can't right now... I'm looking forward to it... yes, you know... you know perfectly well... you're silly...

As was usual in more wealthy households, the family enjoyed household work. Vito, played by a very young Verónica Forqué, took on most of the domestic chores. On the other hand, Domi, played by Rosario García Ortega, seemed to only take care of Cris. Both, equally opposed and complementary, carry the weight of some of the film's climactic moments. Due to the transience of their education, their respective cultural levels are far from those seen in the rest of the adults. Still, both manifest contrasting characters. Vito, who is warm, kind, and loyal, showers little Quico with attention and affection. Domi, on the other hand, is indifferent, hypocritical, and of poor human quality, and is responsible for instilling many of the troubling ideas in the protagonist's mind that eventually end up disturbing him. The older siblings – Pablo, Marcos, and Merche, the family Doctor

Emilio, Vito's boyfriend Femio, Santines the young shopkeeper, and Aunt Cuqui, completes the cast that is full of nuances and rigor. The meticulous design of these characters reveals an artist full of "common sense, instinct, intuition, and natural wisdom, [the one] who observes and learns, [the one] who has spent a lifetime in direct contact with nature, but also scrutinizing the reality around him with virgin eyes and a mind of prejudices".

Semiology: Visual Exploration and Style, Aesthetic, Sound and Linguistic Aspects

The home setting is equally devoid of implications and backgrounds. Mercero and Manuel Rojas, director of photography, place the protagonist in a friendly environment, full of colors and sounds. The child moves around in a livable and inhabited atmosphere, where he does not feel abandoned or alone unless by his own volition. In terms of the symbolism of color, the prominence of red and its inherent warmth is notable. These colors could function as subconscious cues. We cannot overlook the mom, who is the true owner of the environment and is the daughter of a "red" combatant in the Civil war and is still in the face of conflict. In this situation, we discover countless flashes of red in the film: the protagonist's sweater, crib, tricycle, cap of toothpaste, Cris' pajamas and blush, the armchairs, paintings, flags of Falange Española de las JONS and the Regime that decorate the father's office, doctor's x-ray room, some of the walls and carpets of the house, vacuum cleaner, and lamp in the playroom. Of course, there are other colors as well, although with less importance, like the blue and white that fill the protagonist's space with life.

Quico's welcoming world is also filled with a series of sounds that give it vitality. Many of them are melodic, coming from the radio, voices of maids, or the gently fluttering sounds of kisses that the little one receives. Other noises that express his mischief, although less harmonious, are the screams are Mom and Domi, the crying of Cris, or the songs at full volume playing from the record player. This combination of noises ultimately creates the distinctiveness of a home: Quico's home. As expected, the dialogues are articulate and skillfully crafted. Taken almost entirely from Delibes' text, the adaptations by Antonio Mercer and Horacio Valcárcel are based on the idea that "the child opens up to life by asking and waiting for answers"[7]. Quico is consequently found in an uninterrupted conversation with his siblings, maids, parents, and visitors. Each character thereby discloses their socio-cultural status, as in each conversation diverse forms of speech are validated. The viewer, for instance, quickly notices expressions from the maids such as "Vito is too good" ("La Vito es demasiado de buena") or "She falls asleep in my arms" ("She falls asleep in my arms"). As a result, the dialogue brings together a variety of phrases with an abundance of onomatopoetic words ("pam-pam-pam" and "ta-ta-ta") or even mild profanities ("I caught the milk!"/ "Leche, me pillé!" and "Shit, shit, ass"/ "Mierda, cagao, culo"). Amidst of all this, there are also the poorly enunciated exclamations of Cris ("ata-ata-ata" and "atito"), the miniatures that surrounds Quico ("monkey", "rich", "boy"/ ("mico", "rico", "chico"), or aphorisms like "Shut your mouth!" "Shut your mouth!" ("calla tú boca!") and "Eat shit" ("Ir a freír puñetas").

The film, which ends with Quico falling asleep, gives us a wide array of reflections through his innocent gaze. The last one is revealed through a conversation between Mom and Vito after finally putting the little one to bed:

– Who knows what a mother's hand will have.
– Yes, the bad part is then. The day mom is gone, or they discover that mom has the same fears they do, but that's hopeless You can leave, Vito. I will stay with him.

Delibes' passion for the authenticity of life is undeniable. Reluctant to any mask, he revels in the creation of sincere characters who navigate between spontaneity and simplicity of living, open to whatever life proposes to them. His main focus is on the role of children, who represent the culmination of

---

[7]   In the volume edited by Cristóbal Cuevas García, titled *Miguel Delibes. El escritor, la obra y el lector*, Barcelona, Anthropos, 1992; Andrés Amorós captures the essence of the Castilian author in his piece "Pegar la hebra con Miguel Delibes", p. 19.

everything, using their perspective to ponder the world of adults. Thus, the literary realism of the writer has been enriched by the critical perspective that differentiates his approaches to reality. The society he describes is a past social reality within its historical context. Since the society and issues represented don't reflect contemporary events, rather they serve as a testament of their era.

Thanks to the work of Mercero, among others, film as a visual art has been used since its beginnings for the distribution of novels; establishing a new form of literature that fits perfectly with film. As such, the work of the Valladolid writer has been elevated even more by the skill of the seventh art. Delibes', far from the Renaissance idealism and nineteenth-century romanticism, embraces a core element of twentieth century Spanish literature: reality. Although individuals are limited in their ability to represent reality objectively due to the subjectivity of their perspective, the reception of "the plausible" in his fiction is evident. The writer's objectivity, as he depicts the environment and events within it, is complimented by the poetic clarity of his sensitivity; a nuanced approach that clearly elevates his work.

Bibliography

Delibes, M., *Obras Completas Miguel Delibes (Vol. Vi), El Periodista. El Ensayista*, Barcelona, Destino, 2010.

—. "Novela Y Cine", 1985.

Delibes, M.; Alonso De Los Ríos, C., *Conversaciones Con Miguel Delibes*, Barcelona, Destino, 1993.

González De Posada, F., *La Formulación Lingüística De Los Personajes Femeninos En Delibes: De La Realidad Sociohistórica Al Realismo Literario*. Tesis Doctoral En Filología Hispánica. Universidad De Alcalá De Henares, 2019.

Ortega Y Gasset, J., "Yo Soy Yo y Mi Circunstancia" En *Meditaciones Del Quijote*, Madrid, Alianza Editorial, 2014.

Pauk, E., *Miguel Delibes: Desarrollo De Un Escritor (1947-1974)*, Madrid, Gredos, 1975.

Zubiri, X., *Estructura Dinámica De La Realidad*, Madrid, Alianza Editorial, 1989.

Technical details

> **Original title**: La guerra de papá; **Year**: 1977; **Duration**: 96 min.; **Country**: Spain; Director: Antonio Mercero; **Screenplay**: Horacio Valcárcel, Antonio Mercero; **Novel**: Miguel Delibes; **Cast**: Lolo García (Quico), Teresa Gimpera (Mamá –Mercedes–), Héctor Alterio (Papá –Pablo–), Verónica Forqué (Vito), Rosario García (Domi), Eugenio Chacón (Juan), Walter Morf (Pablo), Beatriz Díez (Cris), Regina Navarro (Merche), Agustín Navarro (Marcos), Vicente Parra (Emilio), Queta Claver (Tía Cuqui); **Genre**: Comedy.

Land of Fields, Universal Castile

JUAN LABORDA BARCELÓ

*T*he Rats (Las ratas), a novel published by Miguel Delibes in 1962 that won the National Critics' Award, is a unique case in Spanish literature and film for multiple reasons. This groundbreaking work brings together a myriad of distinctiveness and specific contexts. To point out a few, a good place to start is with the numerical ones. The film was shot in Tierra de Campos (between the rural areas of Valladolid and Palencia) and is the third literary adaptation of Delibes' novels by director Antonio Giménez-Rico. The first was *Family Portrait (Retrato de familia)* (1976), based on his novel *My Idolized Son Sisí (Mi idolatrado hijo Sisí),* then came *The Disputed Vote of Mr. Cayo (El disputado voto del Sr. Cayo)* (1986), a film adaptation of the novel that shared the same title, and the third one will be analyzed in this chapter. Accordingly, a kind of thematic trilogy comes together; one that addresses prominent perspectives of the Valladolid-born writer's work that was turned into film. In the fleeting moments captured on the white canvas of the screen, we see a glimpse of family mysteries, the subtle and implicit criticism of the political system, and an unwavering defense of nature, especially in the latest piece. Although ecological drive is central in *The Rats*, other themes such as anthropological ruralism permeate across his work.

Similarly, we can see in the trajectory of the director and screenwriter a preference for paving the way from the written word to the silver screen. His career is sprinkled with his own scripts, some worked on jointly with José Luis Garci or Rafael Azcona, and other authors with literary pieces noted for the intellectual, stylistic, or thematic fervor. As a result, he has brought novels by Felipe Trigo, Torcauto Luca de Tena, José Antonio Nieves Conde, and more recently, the Cordoban writer, Alejandro López Andrada to the screen. This is no small feat; the entirety of this allows us to think that there is an interesting, perhaps unresolved, dialogue in Giménez-Rico's production about the variation of literary language into filmic narration. This is clearly one of his most accomplished films, however, as is natural, the interwoven structure of one lexicon and the other can only be loosely associated.

Both the literary work as well as the film, hold a series of ideas with incredible importance. That's indeed the epitome of a classic –something that maintains its vitality and relevance through the passage of time. To begin, it is good to consider where and how Delibes focuses on this literary piece, and how that has been respected in its transition to film. The fictional Torrecillórigo, a neighboring town to the protagonist's, is a non-place, a dark mirage-like Macondo of any Castilian town. Delibes avoids any architectural heritage, focusing his gaze on the earth. There are few references to the rundown walls of Castilian villages. Still, the setting seems to be a town from Valladolid, yet it could easily be any other place in Castile, or "the skin of the bull" (a metaphor for Spain). There is a simple reason for this; when poverty struck –and even when it did not– characters like the novel's protagonists, El Ratero and his son, Nini, a wise boy brimming with rural and vital certainties, hunts rats for human consumption. It is one of many extinct rural "professions". This has occurred frequently throughout Castile's history; however, the author's skill allows us to identify it culturally when compared with other places. For example, it is known that in Levante, until recently, water rats, similar to snails, were a common ingredient in paella. Currently, snails are still found in inland areas of exceptional beauty and significant geological variation, such as Maestrazgo.

This is not a minor theme, as literature has dominated these rat-ridden lands. Highlighting the novel by José Carlos Rodrigo Breto, *Squonq* (2023), he explores concepts that, akin to a wormhole, intersect with Delibes' work. The author presents a narrative in a fictional time and place wherein the Queen of England eats rat meat for her daily breakfast (exquisitely prepared, of course). It may appear to be a joke, however there is a literary weight in his proposal. Even more so, he presents the fictitious game that she yearns to sink her teeth into a peculiar mythical rodent called Squonq. That being said, Delibes has the mayor of the town say that the rat meat, with a hint of vinegar, is a delicacy similar to quail meat. The civil governor's face of disbelief is priceless upon hearing this information. He shifts to displeasure, and once again swears to exterminate these "pests" from his territories. So, we arrive at another dichotomy that Delibes already posed, which is the opposition between tradition, whatever that may be, and modernizing breath. This is one of the crucial aspects to the paradigm shift we face today. Even more so now where technology and artificial intelligence are creating chaos on the younger generations' perceptions of the world, even affecting those who aren't part of this generation. However, Delibes' intellectual and emotional conflict is far from stagnant. On the contrary, he delineates boundaries with his literary expertise, as expected, around both arguments. Namely, traditions are necessary and must be maintained, but many who are closely attached to them exhibit a brutality that nears animal-like behavior. Likewise, the theoretically progressive efforts of the civil governor, who faithfully follows the Francoist political model, is naïve, lacks sophistication, and is self-centered. It is not about anyone being saved; rather, it's that all perspectives are detrimental. Giménez-Rico is very dedicated in the execution of these passages, and contradictory validation of the old and new fly over the footage.

One cannot separate the work from another relevant and related topic; this is environmentalism, or the defense of the environment, viewed as the heritage of everything. Therefore, we are faced with another fortunate devotion between the text and the film. There are several highlights the natural environment allows in this specific story. The men of the town are subjected to elemental forces and have a necessity of their environment for their survival. In fact, one of the most beautiful passages in the novel and film occurs when the harvest is in danger, as a strange spring frost threatens the way of life in the area. Nini, the wise child, points out that if the wind changes before dawn, the wheat will be saved. The town holds its breath, its spirit with its sustenance hanging on the line. The hope of survival narrated in blue tones (Castilian winter), and the green of nature, is a powerful visual force. The secured seeds stir violently in the wind, yet do not break, referring to the Castilian resilience of the fields and of the people; to the Zen spirit of the reed that resists, even referred to in the title used by Ken Loach for his Spanish war drama, *The Wind That Shakes the Barley* (*El viento que agita la cebada*) (2006). All are connections to a fertile yet scathing vision of existence. Catharsis and exhilaration go hand in hand in a sequence narrated with precision, a virtue to excellent editing.

It seems, accurately, a constant in Delibes' literary work is the question of the harshness of nature, the need to sustain ourselves within it, and to coexist with its fruits without exhausting it. A phrase that Nini repeats constantly, and at times so does El Ratero, is: "Let it Breed". With rats, rabbits, slaughter, or crops, it is obviously wise to maintain for hunting use. That is, hunting is acceptable, but not at any price. The use of natural resources must be utilized, of course, but with respect to the rhythms, times, cycles and needs that the natural order requires. However, excessive exploitation implies a potentially annihilating disparity; poorly applied predatory instinct becomes the greatest danger to the ecological community. The characters who are the most "knowledgeable" about the land and its mysteries are the ones who understand the delicate balance of the animal world. It is Nini, whose knowledge comes from elders like Centenario, and from his direct, attentive observations of reality, who is best able to understand the ethical obligation to use the gifts of the earth and horizon with fairness and respect. The opposite would be to deplete the natural resources the soil, sky and waters produce. It is like what we would today call a classic, traditional environmentalism that allows the preservation of the system, as long as it is not abused. It is the familiar saying of using responsibly and not depleting the resources. Despite what one might think today, Delibes was an awkward writer. He especially challenges the established power, as he portrays a highly critical perspective of his context in his literature. He does so with the style of his prose, and the sharp discernment of someone who evades chaos. Yes, his criticism cuts like diamond; the metephors he uses pierce the eyes of the National Catholic

Regime and of the hypocrites, along with many others. Nevertheless, his fierceness in the piercing reflection on political, social, and rural reality is focused and mixed with opinions, sometimes barely hidden, but certainly very elaborated. The alchemy of overcoming barriers enforced by Francoist censorship is not an easy road to cross. It takes literary talent and exploring thousands of paths traced in the mind and writing to achieve it.

The unfavorable light in which he leaves the civil governor is well known, but the story doesn't end there. The misunderstood religious zeal, the humiliations endured by the Centenario's daughter as she tries to enter the spiritual realm, or the heavy veil of secrecy the new priests' casts over grave abuses, forgiving them with a simple Ave María, reveals the accepted cruelties of a society that condones them. Delibes becomes not only a chronicler of realities, but of the essence of the Castilian spirit. What might appear to be a portrayal of local customs is actually a discreet yet harsh critique. Similarly, the subtlety of Delibes' text, addressed in architectural emptiness and the open fields in Giménez-Ricos' film, alludes to the toxic origin of an issue that persists today: the starting point of urbanization. The poetic language, the alluding, compels one to be discreet, yet the town of *The Rats* and the one neighboring (Torrecillórigo) are microcosms in a state of decay. Francoist developmentalism, a *tour de force* to modernize a primarily agricultural society, began in the 1960s with the famous development plans. For nearly a decade prior, there had been a gradual migration of rural populations towards urban areas. Without a doubt, the trouble of the modern secular rural void stems from those beginnings, as Sergio del Molino so aptly described in his *Empty Spain (España Vacía)* (Turner Editorial, 2016). Several cities experienced waves of peasant settlers in search for the ultimate solution for prosperity including Madrid, Barcelona, and Bilbao. The disillusionment that awaited in the exposed cities was just as profound as that found in the eternal field of Castile. Perhaps a prime example of this severe dissatisfaction was shown in *Furrows (Surcos)*, a film by Nieves Conde released in 1951, which recounts the struggles of peasants as they strive to ascend in the big city. All of this is also a central theme in *The Rats*. Justito's wife, the mayor of the town, conveys this clarity in every word she utters. Above all, she wishes to leave those lands and find prosperity elsewhere.

While the eternal Castilian towns and other regions might have had a narrator from the late 19th century, this is not the case for Delibes as his work does not follow traditional historical writing. He is more of a poetic storyteller, describing not only the events but also the profound emotions of the people, embodied in distinct, allegorical characters of a specific and identifiable type. He is a purely literary author who aims to transcend the boundaries of what the fertile Clio can offer. In his work lives the anthropological yearning, the mystical search for the soul of a territory, and the existential journey of the unconventional writer. Despite all that has been said, he remains connected to the land, yet his head and dreams are above the clouds, that on rare occasions, threaten to harvest.

On Wild and Wise Children

Nini, the central figure around whom Delibes' rural world of *The Rats* revolves around, is a wild and wise child for multiple reasons. To start, the question of his origins remains a mystery, stemming from both his mother's poetic madness and his kinship with El Ratero. The absence of a mother figure and a stable family structure, along with the fact that he literally lives in a cave, can be associated with the image of a wild child that was favored in literature and attitudes since the 18th century. In fact, the image of an abandoned child in the mountains or jungle, raised by wolves, has been prolific in the tradition of collective imagination as well as reality. There were numerous authors, who were inspired by the wild child of Aveyron found in France in 1797, creating a variety of artistic works. On one hand, we could mention in the audiovisual realm the symbolic figure of François Truffaut; the French creator makes this story his own and uses it to tell his personal journey. The film in question is *The Wild Child* (1970). With purpose, the French director's work is marked with personal touches, self-reflective storytelling, and moments of introspection. It's essential to mention nearby territories, like that of Tarzan of Greystoke; a child raised by apes in the jungle who struggles to adapt to life in society. From Johnny Weissmüller, and even earlier, to Christopher Lambert, numerous actors have worn the iconic loincloth on the big screen. Nevertheless, the genuine drama of that maladaptation, often overshadowed by exotic adventure, rarely appeared. Amid the multitude of adventure films, both silent and with sound, Tarzan, on *Greystoke: The Legend of Tarzan, Lord of the Apes* (Hugh Hudson, 1984) is worthwhile. This drama, starring Christopher Lambert and Andie MacDowell, delved into the contradiction between primal savagery and social convention. Edgar Rice Burroughs' character could very well serve as a goldmine for philosophical reflection.

This inexhaustible theme has also been addressed more recently in Spanish film, specifically in Gerardo Olivares' film *Among Wolves (Entre Lobos)* (2010) with Juan José Ballesta as the main protagonist. The film tells the actual story of Marco Rodríguez Pantoja, one of the few documented cases of "wild children" in Spain. It is about a boy raised among wolves in post-war Spain in the Sierra Morena region. Coincidently, Marcos ends up living in a cave, like Nini, before being left alone in the countryside. His parents had sold him to a goat herder, and after the herder's death, he spent many years living solely with animals. He was referred to as "the son of the wolves" by some media outlets. Likewise, with a shift in time and format, the short novel by *The Wild Child* by T.C. Boyle (Impedimenta Editorial, 2012) stands out. In the novel, the American writer delicately and brilliantly portrays the same character, but from the viewpoint of the French wild child from Aveyron. The myth's universal appeal captivated audiences across all latitudes. As a result, Nobel Prize winning author Rudyard Kipling encapsulated this in some of the stories in *The Jungle Book* (1894), whose main protagonist Mowgli, fits these parameters. Mowgli is a baby lost in the depths of India when his parents were attacked by an enormous Bengal tiger. After that, a wolf pack takes him to their cave, and he becomes another member of the animal community.

Nini is the protagonist, however, is difficult to represent as there isn't a single physical reference to his characteristics throughout Delibes' novel.

This makes it challenging to bring him to a screen. Even so, Giménez-Rico's portrayal remains faithful to the character's spirit, but we cannot know if it is faithful to the mental image the writer had envisioned. What is undeniable is that he shares certain contradictory traits with the myth of the wild child. For instance, his early weaning due to various hardships, his characteristics that align him more with rural life than urban, and his difficulty adjusting to the ways of modern times... In fact, at one point, Doña Resu, played by Susi Sánchez in the film, wants to educate him. She sees certain "natural talents" in him and feels an overwhelming urge to control his neighbors. Both she herself, and Delibes in his novel with Nini, point out that they have an extraordinary vision of things. The boy tells her that he doesn't know about "invented things", referring to all technological advancements and human-made constructs, using the example of how little he understands about the combustion engine of a car. However, the creatures of the countryside, the fruits of the earth, and even the people of the barren land, hold no secrets from him. Delibes and the film make it clear that there is a profound dichotomy between the knowledge of the land and nature, and what is produced in society in terms of novelty and technology. The author's perspective is not strictly anti-evolutionary; rather, it exhibits a degree of critical complacency towards tradition and secularism. The writer's viewpoint aligns with that of a man fascinated by rural life and the practices that have been condemned to disappear for some time. Delibes' focus centers precisely around this inevitable and intangible process.

All of this leads us to conclude that Nini is considered wild, not so much because of what identifies him in the classic myths, but because he is a wise child. He is very knowledgeable, making him a reliable source for his fellow villagers. Additionally, the boy doesn't mention it, but he has seen and deeply felt the beauty of nature. This connects directly with the theme of traditional environmentalism, where love for the land outweighs everything else. In contrast, Matías Celemín, who could be considered his foe, is played by Joaquín Hinojosa with a strong malice. They call him "The Poacher" ("El Furtivo") in a world of apt nicknames, and he is exactly as his name suggests: someone who ignores the fundamental rules of respect for the environment.

He hunts when it's not in season, going against that primal and conservation focused mantra of "Let them breed". In addition, he is a metaphorical symbol for contempt for the natural world and its beings, despite living off them. Whenever he can, Nini strives to thwart his traps, snares, and illegal mechanisms to harm his prey. In short, he seeks to prevent harmful practices that negatively impact the way of life in the environment and the basic natural systems that he knows and protects so well.

In this context, and as a culmination of what has been mentioned, there is a passage that is both deeply moving and painful, that we could call the "Affair with the Fox". Upon learning that The Poacher has decapitated the fox family, Nino takes home a surviving cub. Despite all odds, he raises it alongside El Ratero, and here the myth of a wild child takes on a new perspective. When it comes to the French wild child or Mowgli, they were raised among animals like wolves, whereas in this case, the fox is being cared for in the vicinity of the protagonist's unusual family. Ultimately, it is a sort of found family in which the animal and human join effortlessly. In addition, the other inhabitants of the village, like Justito (the mayor), determined to evict "El Ratero" from the cave, are surprised to discover the symbiosis of both species. It's not so much seeing them coexist, rather, it's as if they have switched roles, crossing over a forbidden boundary.

The relationship between the child, his elderly dog, Fa, and the little fox, awakens the most fundamental aspects of emotional influence. The boy becomes an adoptive parent to the animal, having the ability to love in such a hostile yet beautiful environment, revealing the potential of uniting the natural and human worlds, if they were ever truly distinct. The normalization of certain situations is a form of reserved and striking lyricism through Delibes. There is an intense emotion in how all this becomes possible throughout the novel. In addition, the fox manages to retain some autonomy by coming and going from the cave freely. These movements are what The Poacher takes advantage of to capture the cub and sell its young, valuable skins. Although, the primary motive is clearly to hurt the wise child where it hurts the most. In the film adaptation, these scenes are narrated, but a part of the overall sensitivity of the matter has been lost. The concise editing, absence of intense music that would act as an emotional catalyst, and the focus on other events in the village, block these audiovisual scenes from captivating the viewer.

Castile: Eternal and Symbolic

Ortega and Gasset once said that Spain is an entity shaped by Castile. Delibes himself wrote in his work *Castile, the Castilians, and the Castilians* (*Castilla, lo castellano y los castellanos)* (Planeta, 1979) that "Castile is an epic and challenging history, an attractive force, unity the country in cohesion". Oceans of ink have been spilled on the intensity of the idiosyncrasy, pride, profoundness, and symbolic power of Castile. There's not only a focus on the Communes movement initiated in 1520, but also the crisis of 1898 and the critical attitude towards all aspects of Spanish culture. Ángel Ganivet, Nicolás Salmerón, and Antonio Machado all dealt with this. It appears that everything that happens within the "skin of the bull" is connected to this central axis, which could be the land of castles. One of the reasons might be that, historically, it was significantly larger than what we know today, stretching from the Cantabrian Sea to Despeñaperros and beyond during medieval times. After all, it was Castilian resources that financed the reconquest and repopulation of the Guadalquivir Valley, led by Fernando III "El Santo". Conquering Granada was also a Castilian endeavor, with Isabel Católica in command. Without delving directly into historical debates, *The Rats* holds a multitude of interpretations regarding what Castile represents.

Delibes encapsulates a long and rich tradition about the essential heartbeat of Castile, adding his own unique and universal perspective on the matter. As noted earlier, the setting of narrative progression in *The Rats* responds to any Castilian space. However, far from accommodating and praiseful whims, the author focuses on contradictions to discuss his land. He elaborates on core elements already mentioned, such as its rugged nature that is difficult to fit into imposed molds. Similarly, his thoughts dwell in complex places, not inclined to adhere to conformist ideological beliefs.

Today, regardless of whether he is considered traditionalist or conservative, we must recognize him as a free spirit devoted to his passion.

One of the main points that Delibes highlights and is apparent in the novel and film adaptation, is the idea that Castile, far from asserting itself as an internal fortress, loses meaning in the voices of the characters. Those subjected harshness of the land, the severity of the weather, and the fragility of the harvest, see that space more as a prison. The developmentalism and technological advancement is represented by a vehicle that is mentioned but never seen, engaging in risky dialogue with the traditions of the countryside. All signs suggest that a large portion of the rural population understands that life in the city involves fewer urgent needs. There is even a sort of bleakness towards life in a small community that is observable, emerging through various cracks. The Centenario hints at this when he says, "Castile; nine months of winter, and three months of hell" where a recurring reflection focuses on the atrocities committed by both sides. It's not that the urban world is devoid of violence and evil, rather, there is a cosmogony determined by spaces where the village is associated with evil. It's a deep, earthly hostility, as extensively depicted in literature. Works like *Jarrapellejos* by Felipe Trigo or *Final Assault* (*Los Bravos)* by Fernández Santos serve as examples of this.

However, keepers of this essence, like Nini and El Ratero, revel in the natural and traditional aspects of the countryside. For them, it's a panacea, the Beatus ille, the Shangri-La where they can remain happy; hence their Numantian resistance to leaving to cave and give up rat hunting (which becomes scarcer), or to accepting anything man-made. Castile is like a primal fire, an ardor that never ceases between nature and spirituality, almost like the style of Val del Omar in his *Fire in Castile (Fuego en Castilla)* (1960), which is a central piece of the Elemental Triptych of Spain.

In this way, Delibes constructs a complex and layered image of Castilian culture. On one hand, it's about presenting fundamental elements, such as small game hunting, wheat fields, and prayers to an overly blue sky to ease the hardships of a suffering land. On the other hand, the idea that the heartland of the peninsula is an internal desert, or worse, a prison bound by tradition and poverty. Both concepts can coexist in a village as proud and conscious of the delicate nature of its existence. There's something of Dino Buzzati's *The Tartar Steppe* (*Desierto de los tártaros*) (1940) in the landscape that Delibes paints, which was well captured in the film by cinematographer Teo Escamilla. Lieutenant Drogo, the protagonist of that novel and the film adaptation, languishes in a fortress isolated from everything, scanning the horizon in search of an enemy. The same existential fatigue, substituting rain for the enemy, beats in the hearts of the characters in *The Rats*. The existential weariness is an ingrained pattern of behavior for those attached to the unpredictable whims of climate, land, and cultivation. They are often overlooked in history, know perfectly well of those sensations. It's not uncommon to hear Castilians speak of the harshness of their horizon; hence phrases like "The land is like one's wife, she sticks to who is the first to come along". They express with the dryness of their way of being, that the land is a desert, yet one of them knows that a treasure lies hidden beneath every inch of the ground. Nini, the wild and wise child, knows that the simplicity of the Castilian wasteland is pure life.

Despite all the above, Castile is also the theme of impossible change in Delibes' gaze. It holds within it, a seedling of hope and an alternative world. Visible in the gazed of the villagers is that eternal longing for change that the entire country holds, yet rarely becomes reality. In Delibes' work, it is the replanting parties that symbolize this dream of a transformed Castile into a paradise; a garden of dreams and retrotopias as Zigmunt Bauman would say. Every season, outsiders are brought in by the authorities to plant pine trees in the village. Most of the trees wither and perish, as they are drunk with sun, leaving the impression that the climate is unforgiving. The desire for change repeatedly clashes against the wall of geographical constraints. It is noteworthy to mention that these ideas of plant improvements have their origins in the myth of the squirrel or monkey, which in ancient times could cross the peninsula from end to end, from north to south, branch to branch. There is a great deal of utopia inspired by the past in the way this challenge is approached. Despite this, what is truly striking is the metaphor of the land that feeds itself on the desire for change, but at the same time, is firmly anchored to tradition and time lost due to its attributes. It could undoubtedly reflect its people, eager to expand their perspectives, yet chained to the earth. Delibes doesn't stitch with a thread and knows Simon Weil's philosophical principle inside out: that to reach the truth, if that's even possible, one must confront contradiction and that is no small feat.

Technical details

> **Original title:** Las ratas; **Year:** 1997; **Duration:** 100 min.; **Country:** España; **Director:** Antonio Giménez-Rico; **Screnplay:** Antonio Giménez Rico; **Novel:** Miguel Delibes; **Cast:** José Caride (El Ratero), Álvaro Monje (El Nini), Concha Gómez Conde (Señora Clo), Juan Jesús Valverde (Justo), Joaquín Hinojosa (Cazador Furtivo), José Conde (Luis), Susi Sánchez (Doña Resu), Ángel Terrón (Centenario), Jorge Merino (Malvino). **Cinematography:** Teodoro Escamilla; **Genre:** Drama, vida rural

The Walk:
First Adaptation, Last Recognition

FERNANDO MARAÑÓN

Key Points About the Director and the Origin of the Project

The film that initially brought recognition to the celebrated and famous Delibes universe of rural Spain, with or without hunters, came to life in 1963. It was guided by a pioneering, indescribable and misunderstood woman. The simple beauty –vital and authentic– of the novel *The Walk*, published at the beginning of the previous decade (1950) by Miguel Delibes, piqued the interest of Ana Mariscal, an actress, producer, and director. She is an unconventional and assertive figure in film.

Mariscal was a very popular actress during the 1940s and 1950s. She became famous for starring in the film by José Luis Sáenz de Heredia, *Race (Raza)* (1942), which was based on a plot made by Franco himself under a pseudonym (Jaime de Andrade), which acquired notable success in Spain during that time. There are doubts and various accounts regarding the extent of involvement that the "Generalísimo" had in writing such propaganda. It's not that the script was anything special, but other experienced professionals, like the director himself and Antonio Román, must have turned it into an effective tool for film. However, what is undeniable is how Mariscal's female lead role in the film would mark the actress for the rest of her life.

Paradoxically, her role in *Race* did not earn her any favors from the regime (as a declared conservative and declared follower), despite being a seemingly ideal star to become a symbolic figure. On the contrary, trials, censorship, and boycotts were the most common currency with which the victors used to secure her ideological alignment, overshadowed by independence and deviance.

Mariscal founded her own production company, *Bosco Films*, with her photographer husband Valentín Javier, and against all odds, was able to direct a good handful of films. Meanwhile, year after year, the magnificent prose of Miguel Delibes was consolidating, despite obstacles he faced (especially while directing *El Norte de Castilla*). Something to discuss later is how he had greater artistic luck, and incidentally, much more talent than her.

From the Script to the Screen

The novel, *The Walk*, and its film adaptation revolve around the same theme: the life in a small village settled in a valley in the north a few years after the Civil War (briefly mentioned). There is a focus on everyday life, miseries, with a rich gallery of characters and anecdotes that is representative of its idiosyncrasy. They showcase the adventures of three preteen boys: Daniel, Roque, and Germán.

Daniel (11 years old in the novel), nicknamed "the Little Owl" ("el Mochuelo"), is the undisputed protagonist of the story. Almost everything that happens revolves around him as an observer or participant, and the events that don't (like the troubles of the gossiping ladies and their respective love affairs) reach him through neighbors he interacts with frequently. Both the literary and cinematic language enables the understanding of this indirect knowledge of specific events that have occurred in the village and are exposed to the public – whether that be the reader or the viewer. In each case, the narration results in a double portrait: that of the boy, Daniel "the Little Owl", and that of the rural landscape that he is about to leave, boarding the first morning train as the story begins.

Daniel's father, a cheesemaker in the village, is going to send him to the city to study so that he can get educated and progress. This allows the narrator, whether novelist or filmmaker, to reflect on the last days of childhood in the village; its chores, amusements, and neighbors, all providing a rich social canvas embedded within the valley. From this premise, the filmic narrative leans on Delibes' text to extract a structure in scenes that evoke a vague time of preadolescence. Whether the chain of flashbacks Delibes uses, or the nearly linear narration used by Mariscal (by showing the father's desire slightly earlier), both can showcase everything that the village offers in terms of human interest, sociology, tradition, and life.

Standing out predominantly, is a negative element charged with comedy though the viewpoint of ridicule. This is in reference to the religious fervor of the so-called "Chili Peppers" ("Guindillas"), who are the unmarried sisters that run the best store in town. The middle "Chili Pepper" barely has a role in the novel, and none on screen. The audience does, however, get to know the eldest "Chili Pepper", portrayed in the film by the excellent Julia Caba Alba. This character advocates for the village's moral standards with a heavy hand, going against all natural tendencies of the young men and women of the town to sneak around on Sundays in hidden corners of the valley. Although, both the eldest and youngest "Chili Pepper" end up giving in to the very weaknesses they detest; one eloping with a young bank employee who goes after their money, and the other falling in love with Quino, "the One-Armed Man".

The omnipresence of the "Chili Peppers" in the life of the valley allows for a focus on other relevant characters. We quickly encounter the cordiality and temperament of Quino mentioned above, who is an owner of a humble tavern and father of "Uca", who is a freckled girl with blonde braids, who is widowed and in love with Daniel.

Also notable, is the admirable blacksmith (the father of Roque, Daniel's friend), a man as strong as a bull and has a love for wine, who is tough yet endearing to Daniel. The first time he is seen in the film, working in his forge, he shares a positive presence with the suffering parish priest, Don José (always referred to with the addition of "who was a great saint"). As an exceptional character in the novel and film, Don José is played on screen by

Joaquín Roa: the character is an elderly priest torn between the stubbornness of his most influential parishioners, the moral principles in his sermons, and the common sense of those he interacts with closely.

The schoolteacher, Don Moisés (excellently played by José Orjas in Mariscal's film), is portrayed as a poor devil with a twisted mouth, strange tics, and a worn-out suit. He provides moments of both comedy, and sentiment in equal parts, especially when the children arrange a courtship for him with Sara, the cruel older sister of Roque.

A more anecdotal space is reserved for Germán's father (the third boy in the group). This little man, Andres ("the man who is not seen in profile") is part of the adult villagers as a humble shoemaker who subtly expresses his fondness for women's calves.

Daniel would never forgive if the beautiful, seductive, and unattainable presence of Mica (Mari Paz Pondal), the younger daughter of the "Indiano" was forgotten. She has "good skin", an estate with apple trees, a convertible car, and unfortunately, a boyfriend.

Of course, above all these characters shines Daniel "the little owl", Roque "the turd" ("el Moñigo"), and Germán "the filth" ("el Tiñoso"), the three kids who wander the village and its surroundings doing what they do: looking for bird nests, bathing in the river, enduring school punishments and existential doubts. They go about proving their manhood, getting into mischief, falling in love without hope... all while having no interest in growing up or progressing.

The complete cast of characters appears on screen in a series of scenes strategically organized to offer a skillfully crafted, balanced, and substantial film, although not groundbreaking. On one hand, Delibes sets an extremely high bar, however the production of the film was plagued with difficulties that inevitably affected the result; valuable nonetheless considering the circumstances.

The Difficult Path

Mariscal had her own production company (Bosco Films) and has directed seven films before this one, including the notable *Second López, Urban Adventurer (Segundo López, aventurero urbano)* (1953) and the uneven yet intriguing *They Fired with Their Lives*[1] *(Con la vida hicieron fuego)* (1959).

To adapt Delibes' *The Walk* to film, she was able to gather a wide ranging and fitting cast: from the previously mentioned experienced actors José Orjas (as the teacher) and Joaquín Roa (the parish priest), as well as the children José Antonio Mejías (Daniel), Ángel Díaz (Roque), and Jesús Crespo (Germán), all of which are exceptional. Curiously, the role of Uca (Daniel's friend) is charmingly played by Maribel Martín, who twenty years later would act in *The Holy Innocents* (Mario Camus, 1984), based on another work by Delibes and produced by Julián Mateos.

The important characters of the "Chili Peppers" (youngest and oldest) were aptly portrayed by Julia Caba Alba and Maruchi Fresno. They bring comedy and melancholy to these pious shopkeepers who fight with equal passion against the sins of others and their own spinsterhood. Mariscal also cast Xan das Bolas as the shoemaker and father of Germán, as well as the great voice actor Rafael Luis Calvo as the blacksmith father of Roque (hence why, from a distance, he may sound dubbed with Gregory Peck's voice, when it is really his own). An addition to the cast could be the renowned names of Asunción Balaguer, Antonio Casas, María Isbert, José Sepúlveda, and even Juan Luis Galiardo, who is practically playing a handsome extra as Mica's boyfriend with half a line.

In summary, this is what was once called an "all-star cast". Since her first foray as a director, Mariscal has recruited many talented professionals for her films, without needing to rely on the highest-paid actors of the time. This gave her an advantage in production (not so much in marketing).

---

[1]   Note from Translator: While this film was translated to *They Fired with Their Lives*, a more accurate translation would be *They Made Fire with Their Lives*.

The film was shot in the town of Candeleda (Ávila), although Delibes' novel clearly refers to Molledo (Cantabria). The change, in terms of the natural setting, is not small, but since it's a universal story of initiation of a place that resists the advancements of the modern world, both locations work to depict Delibes' path to the station and train that will take Daniel away.

Valentín Javier was Mariscal's husband, partner, and the one responsible for the cinematography in all her films; this meant he has known her intentions and preferences for a long time. Moreover, his work as a conventional photographer linked him to the impactful Spanish nature and the weathered faces of the post-war era. Both themes were suited for the task of photographing the film. In fact, the cinematic version of *The Walk* begins with Mariscal's voice-over on still photos of the village and countryside where the story will unfold.

In a project with such limited resources, it's difficult to specify which aesthetic decisions are deliberate, and which are making the best of what's available. Yet, the collection of landscape shots done in still photos produces an original effect, more reminiscent and less melancholic than moving images. The editor is only interested in a filmed shot of Daniel at his window for a few seconds. These are the only moments of the film that interrupt the sequence of static images; prior to seeing the boy undress in his room, listening to his parents' downstairs discussing the progress, the "dry" stomach of the wife, the burden of making cheese that the father doesn't want for his son.

Some added images in subsequent scenes of the film are quite striking, and are clearly noticeable due to budget constraints. These could be considered "stolen" frames, which the editor retrieves from celluloid from other works with distinct textures and incorporates in the film.

They are spliced-in material from elsewhere, showing a flying stork or a train arriving at high speed. The production cannot afford to film these scenes, so they are taken from whatever sources are available. Similarly, they use Mariscal's earlier films to create scenes of the village's cinema to avoid rights issues. It's easy to recognize them in the screening organized by the priest and devout women. They schedule "pious" films to get couples out of hiding, but all they achieve is young people making out in the darkness of the theatre. The director's previous films cover these moments where "cinema within the cinema" is needed. Bosco films were short on money, but not on imagination and archives.

If narrowed down, the adherence to the music used in the film is owed to the soundtrack composed by Gerardo Gombau, pianist, orchestra conductor, and composer. He brings along all the instrument necessary for these melodies and can direct them personally. This is how it was done, but the main theme is reserved for the credits, and the rest is a subtle accompaniment to the children wandering through the village or its surroundings. There are a few scenes that stand out for their significance or drama: Daniel with Uca crossing the innocence of the landscape, the defeated return of the dishonored younger "Chili Pepper", the comical solar experiment involving the cat's fur, the older "Chili Pepper's" infatuation with Quino, a touch of jazz piano for the sophisticated Mica in her convertible and pool, the heroic ascent up the greasy pole[2], Germán's fatal accident.

The early 1960s of Spain is undoubtedly a different era of film. Of course, the music is used somewhat sparingly, however Gombau's music seems to fit within the constraints of the production. While reasonably suitable, it lacks the full intentionality that runs through a film when visual poetry is the goal. Nowadays, emotional manipulation through film music is often overused, but in *The Walk,* it is used sparingly and hinders the achievement of Delibes' stylistic breath that permeates childhood, the village, and its landscape.

Beyond the foreign frames that the budget requires that only stand out for a few seconds, Juan Pisón's editing cries out for more shots that can serve as a resource between scenes. Shots that can be accompanied by

---

[2]   "Cucaña" is a greasy horizontal pole where people try to walk across to obtain the prize at the end and is used during festivities in Spain. The pole is slippery, and placed above water, where only one winner will be able to reach the prize at the end.

enveloping music, generating naturalism and melancholy. However, the excellent camera angle, in the face of always precise staging, allows Pisón to seamlessly string together scenes, offering a comprehensible, dynamic, and dignified result. It's no coincidence that Pisón oversaw the editing in Italian co-productions starring Totó, such as *Lady Doctor* (Camillo Mastrocinque, 1958) or *The Thieves* (*Contrabando en Nápoles*) (Lucio Fulci, 1959). He is proficient and knows how to maximize the material available to him. Surely, *The Walk* is his best work because later he will be editing all kinds of Spaghetti Westerns and B Movies.

Mariscal shoots as many sequences and frames as she can, all of which are well chosen, well written, well performed, and complemented by appropriate cinematography. Something difficult to capture, even with an ample budget, only materializes in some moments of the film: the "Chili Pepper" and her inspecting lanterns, the bird in the coffin, Daniel's final request to little Uca.

To top it off, censorship tightens its grip and distribution disapproves of a film that ends with the death of a child; "that doesn't sell". It is barely released in the town where it was shot, and only a few nearby. It will take many years for another director, Josefina Molina, to bring the same text to television. The cathodic formula of the time, when TVE is not competing with anyone, and prime time is for everyone, gives the television series the luck that *The Walk* by Mariscal did not have in the cinema.

The Path to Film, The Path to Television

It is interesting to see how Mariscal's most personal and accomplished work is faithful to the book in a way that is rarely seen in the world of literary adaptations to the cinematic language. Being the producer and the one responsible for the script, her interpretation of *The Walk*, in collaboration with novice screenwriter José Zamit and the criteria of Delibes himself, is very precise and complete. She only leaves from the on-screen depiction an event of great visual drama: Josefa's suicide, throwing herself naked into the river. That is something that the censorship would almost certainly prohibit, even if

Josefa were dressed for the incidence. She also sacrifices a small but substantial story (not only visually, but affecting Daniel's relationship with his father), related to hunting using a real owl (the "Grand Duke") (el "Gran Duke).

The wedding of Quino, "the One-Armed Man", and the "Chili Pepper" (indisputable leader of the village's devout women), which in the novel takes place and triggers the escape and search for little Uca, is also left off screen. However, it is not essential for the understanding of the Daniel-valley double portrait.

Beyond these omissions which would be considered significant, the rest are fairly minor details that discourage staging and are limited by the running time, or skillfully discarded due to budget constraints.

Interestingly, it's these renunciations of the first film adaptation that mark the difference between film and television. If we remember the miniseries shot in color for TVE almost fifteen years later by Josefina Molina (also co-screenwriter of her work, as Mariscal was of hers), it seems that the television format gains personality by rescuing moments from Delibes' text that Mariscal sacrificed in her future film: Roque's different displays of strength, childhood scars (allowing for a brief mention of the Civil War), Uca's wasteful mother, the hunting exploits of the father and son with the "Grand Duke", and Josefa's suicide while Quino and Uca's mother celebrate their wedding. This wedding, by the way, is quite elaborate in the television version, with a banquet, dancing, and atavistic singing.

Mariscal made the right decision in omitting this "subplot", which would require much more time, and unbalance her film. Instead, it's not a wise decision to get rid of the scene most in line with the novelist's popular universe: hunting. When we talk about hunting, we are not just talking about a recurring literary theme of the author, but a vital quality that largely defines him.

Although the television series fails in its choice of cast (especially the children) and tone, unable to balance drama and comedy in its realism, it has an advantage that it tries to exploit in its stretched out running time in five episodes. This even allows it to include the "Chili Pepper" wedding, Uca's escape, and her stepmother's reprimand. However, the series gives up on a scene from the novel that is of enormous significance and a great spectacle, well resolved in Mariscal's film: Daniel "el Mochuelo" climbs up the greased pole during the patron saint festivities. This stellar moment for Daniel redeems him in the eyes of the boys who did not participate in the "pure voices" choir which adorned the village celebration mass. Also, there is something much more important for the boy: he earns the admiration of the whole town for his success, in front of Mica and her boyfriend.

In any case, what is truly revealing when comparing the film and television adaptations of the text are the coincidences, specifically what both scripts consider the core of the novel regarding the characters, scenes, and dialogue. In this sense, both adaptations start with a voice-over with the first lines of the novel (literal in the series, paraphrased in the film) and immediately represent the scene of the cheesemakers discussing their son's future, who spied on them before going to bed.

Both versions also focus on the comical and passionate religious zeal of the eldest "Chili Pepper" (Julia Caba Alba in Mariscal's version, Amparo Baró in Molina's); they maintain the important roles of the priest and teacher (who, along with the religious fanatic, seems to make up almost entirely the "leading forces" of the town). They give an instrumented personality to the cheesemakers (although the father shows his hunting skills in the series); they sublimate the charm of Mica and depict the successive loves of the "Chili Pepper".

Both versions of *The Walk* delve into the childish pranks, specifically burning the "Chili Pepper's" cat with a magnifying glass, defecating in the tunnel as the train passes, and snooping around the Indiano's house. Whether sneaking into the convertible car or stealing apples, it's an essential moment for them to be lovingly scolded by Mica, the beautiful daughter of the town's wealthy man. The intuitive maneuvers of Daniel and Roque as matchmakers towards Sara (Roque's sister) and the teacher Don Moisés, also shows up on screen. In this anecdote, the series goes all the way to the end, when Sara asks her brother if he acted as Cupid.

Both versions also depict the story of the village's cinema, which tries to avoid temptations of the flesh for young people with pious films, and of course fails to succeed. Once again, the TVE series demonstrates more resources, even allowing the use of a fragment from *Spellbound* (Alfred Hitchcock, 1945). In either version, this is a scene that seems to inspire the depressing censorship of the Italian film *Cinema Paradiso* (Giuseppe Tornatore, 1988). The strategies used by each parish priest to hide the scenes they consider indecent to project in their village are different, but their failure to fight against temptation is the same.

The final stretch of the narrative, in Mariscal's film and Molina's television series, is focused on the village festival in honor of the patron saint. Like Mariscal, Molina includes the role of the "pure voices" choir for the sacred celebration, but it ends with one of Don José's sermons where the parishioners count the number of times he says, "in reality". It is a film that includes the spiritual ascent of the greased pole. Of course, the surprising death of Germán brings an end to the childhood of Daniel "el Mochuelo" in the valley.

In terms of dialogue, it is worth noting that there are phrases recovered from the literary narrative by having them said by a character. Others simply change from one mouth to another for efficiency and narrative simplicity. Beyond these differences and similarities in content and visual identity provided using black and white or color, the choice of cast and tonal coherence prevails with the cinematic film winning by a long shot.

Here, neither of the two filmed adaptations of the novel achieves the full impact in capturing the enormous emotion that runs through the text. In that aspect, this great novel by Delibes remains unattainable.

Poetic Prose vs. Prosaic Poetry

If there is an adjective that immediately comes to mind when examining this film, it's "adequate". It's a solid film, well-made despite the limited resources that can be recognized in small production details (for example, the "stolen frames" of the stork and train). Always short on funding, Mariscal had by this time become an expert at shot composition and framing, which is evident in every part of the film. In a story of children approaching adulthood, of a rural character leaving his village to mature in known and hostile places, *The Walk* falls a bit short in poetic breath, especially when compared to the novel, which is of prodigious beauty.

Color would have suited the landscape beautifully. Thinking of cinematographers like Hans Burmann from *The Holy Innocents*, or Javier Aguirresarobe from *The Enchanted Forest* (*El bosque animado*), a later adaptation of Delibes and our most northern rural film (adapting Wenceslao Fernández Flores). Burmann and Aguirresarobe are among the best cinematographers on the continent in the last fifty years. Alternatively, Valentín Javier is an excellent photographer, but works in black and white and surely with time against him when lighting is the most cumbersome and time-consuming aspect of filming.

Although the TV series version of *The Walk* is in color which is an advantage, the poetry still fails to bloom. Besides the limitations in casting and tone, it also falls short in the use of music. That is precisely the second factor that in Mariscal's film would greatly enhance the emotion, amplifying it in key moments, and would accentuate the delicacy of the intimate scenes: its soundtrack. Gerardo Gombau's score is adequate, solid like the film, but if we return to the examples mentioned earlier (García Abril's music for *The Holy Innocents*, José Nieto's for *The Enchanted Forest*), the difference in effectiveness is very noticeable.

Mariscal is a great director who knows how to frame what is necessary, mastering both interior and exterior staging perfectly. She also directs the actors as only an actress would and develops the plot with rhythm and intelligence.

Atmosphere, acting, and development accumulate much of the merit of a cinematic piece. This, now called the "audiovisual" aspect, must be received visually and audibly; it always has, even in silent cinema. That goes through the texture of the image and soundtrack in music, but also in nature, in the village.

Like no other, Delibes captures the sensations of light, mist, the whistle of the train the tolling of bells, clinking of the forge, the crystalline swirl in the river waters, the rattling of carts and engines, the snorting of beasts, and the stubborn chirping of birds and insects produce in his characters. This world of sound needs special technical quality, skillful contrast, and above all, time (which this shoot did not have). It also needs music that comes and goes when it should; It also needs music that comes and goes when it should, with the melancholy, premonition, comedy, or cadence that fits each sequence of the film.

These possibilities are being reviewed in retrospect; however, the decade is also influential. Mariscal made the best adaptation possible, and one of the four best films based on Delibes' work. Yet, the view can be broadened to preceding, contemporary, and subsequent films that approach the relationship between preadolescent and adult worlds in rustic or suburban settings differently. There is a narrative tradition with diverse and unequal sources, with greater achievements.

Narrative Tradition

The character of a child forced to mature in a world of adults that oscillates between injustice, illusion, poverty, freedom, discovery, or darkness had always lent itself to compelling cinema, transferring genres like drama, adventure, comedy, and denunciation.

At times this type of protagonist wins over the audience due to their young age, as in the case with Jackie Coogan in *The Kid* (*El chico*) (Chaplin, 1921), Enzo Staiola in *Bicycle Thieves* (*Ladrón de bicicletas*) (Vittorio De Sica, 1948), and Pablito Vlaos in *Uncle Hyacinth* (*Mi tío Jacinto*) (Ladislao Vajda, 1956). The effect of juxtaposing childlike innocence with the harsh realities of life is devastating and incredibly effective. However, Daniel "el Mochuelo" is a slightly older boy who is not alone; he has two friends with whom to share concerns and forms of escapism. He is closer to the pair of kids in The 400 Blows (Los cuatrocientos golpes) (François Truffaut, 1959) before Antione Doinel loses his accomplice and runs towards the sea.

Continuing with references from a neighboring country, the group in The Walk is even closer to the small village army of boys who wage the War of the Buttons (La guerra de los botones) (Yves Robert, 1963). This was earlier, but still close in time to Mariscal's film, and is also based on a popular French novel, with the same title and written by the ill-fated Louis Pergaud. Its film adaptation even starts with a rural landscape and with a still photo.

It is more likely that Mariscal saw and enjoyed this Yves Robert film (shot with a low budget like hers), than the one made earlier by Luis Buñuel in Mexico, full of poor boys of varying ages. They do not have the opportunity to "progress", nor do they have another village to shelter them. The gang of young delinquents who relentlessly and remorselessly harass Mexico City in The Young and the Damned (Los olvidados) (Luis Buñuel, 1950) are too "Dickensian with a touch of Buñuel" to establish any comparison with Daniel and his friends as Mariscal rejects those levels of despair. The marginal world of that masterpiece is too dry, raw, and merciless. Neither Mariscal nor Delibes intend to go that far in The Walk (although, sooner or later, each will offer other more unvarnished portraits of Spain).

There's also a youth group of the 1950s cinema that is geographically closer, even if they are leisurely vacationing in Boyfriend in Sight (Novio a la vista) (Luis García Berlanga, 1954), a family comedy tinged with melancholy. What Berlanga and Mariscal have in common is capturing the final moments of that sweet stage of life: the last summer when friends of both sexes are still children. The girl in the group has been matched with a boyfriend, just as Daniel has been sent to boarding school to progress.

As we see, the environments in which children grow up are crucial for telling their story with a hopeful, melancholic, or purely desperate tone. For instance, there is the young Jacques Perrin in *The Search* (*La busca*) (Angelino Fons, 1966), based on Pio Baroja's novel which was released shortly after *The Walk*. The film is inevitably filled with drama, as the character arriving from the village ends up on the margins, with the beautiful prostitute, Emma Penella, and it goes downhill from there.

Skipping a few decades, let's focus on the origins, with all due respect to *Stand by Me* (*Cuenta conmigo*) (Rob Reiner, 1986), and despite not having enough space in this article, it is crucial to honor this film as referential and the mark left by *The Walk* in much later films must be traced and recognized.

One of them is intention; the opposite of what has been discussed in this chapter. Look at the boys who could be Daniel if he had reached that age and circumstance during the eruption of the Civil War. This is in reference to those who populate *Butterfly's Tongue* (*La lengua de las mariposas*) (José Luis Cuerda, 1999). The film pours all its charm into the fertile relationship between a rural schoolboy named Moncho, and his teacher Don Gregorio (of a style opposite of Don Miosés). The adult (the great Fernando Fernán Gómez) shares his knowledge of the world with the boy (Manuel Lozano), questioning, with good humor, the supposedly undeniable truths that will cost him dearly when the time of Cainism, denunciation, and leisurely strolls. The film is so beautiful and apt throughout its runtime that the abrupt and dramatic ending shocks enough to crack the credibility of what concludes it.

Perhaps Mariscal doesn't heavily emphasize her "post-war film", but that which many reproached her for it as her greatest achievement with narrative coherence above all. Even more so that the original novel also adheres to it. The director periodizes a more amiable vision in comparison with *Secrets of the Heart* (*Secretos del corazón*) (Montxo Armendáriz, 1997), as the most evident and skillful heir to that well-intentioned spirit about childhood that *The Walk* excludes without renouncing the weaknesses and lies of adults in this film, the protagonist Javi (Andoni Erburur) navigates a world of adults he doesn't quite understand, and yet it shapes his future. There is no need to overdramatize; these are the curses of life. Sometimes, the curses of film are even worse.

The Cursed Film

Delibes always regretted that the first adaptation of his work had such bad luck, because in his opinion, despite some disagreements with the director, the film did not deserve the burial it received right after its birth.

Adapting the first major work of the Valladolid novelist, Mariscal filmed the work that she would consider as the one in which she had hardly made any compromises. In other words; her most personal and best. This is like a bet that, when it doesn't materialize into success, tends to be paid for dearly. There are plenty of statements from the filmmaker that can be summarized as: "you are free to do whatever you want, but you must face the consequences". The production of this film and its subsequent journey are the most vibrant illustrations of this perspective of life. Mariscal depleted the constrained budget to make it, yet its premier was restricted, and it had no commercial lifespan. Later she attempted to pair it with another of her successful films *The Spritis of Andalusia* (*Los duendes de Andalucía*, 1966), but the theaters only showed musical comedy that guaranteed ticket sales. There was no solution.

Decades later, in 2018, there is a sudden rediscovery of the director's legacy by the Northern Irish documentarian and historian Mark Cousins in his highly praised series, *Women Make Film*. In 2021, the Cannes Film Festival included *The Walk* in the "Cannes Classics" section. Both occurrences fall into the category that succeeds in attracting attention to works long forgotten in Spain; in this case, this film is buried by disinterest, ignorance, intolerance, and abandonment.

There is a parallel with one of the turning points in the narrative of *The Walk*, Mariscal's creation of the film, practically single-handed was for her like climbing the greasy pole to its peak, but without a prize. Here, Mica (in the young or new Spanish cinema) not only did not congratulate him with affection and arrogance but didn't even look at Daniel. The one who hypocritically calls itself the "film family" was hardly appreciating an achievement of which it barely had any knowledge about or why it received vague and derogatory echoes. The Spanish viewer and industry were fascinated by the impressions of Picazo (*Aunt Tula*) (*La tía Tula*) (1964) and Saura (*The Hunt*) (*La caza*) (1966) soon after. Meanwhile, even with a dead child in the last scene, Mariscal had produced a watercolor of soft tones, supposedly due to the absence of social or political criticism.

In reality, failing to recognize the critical perspective of the film can only be attributed to ignorance or prejudice. The corrosive women, the miraculous credulity, the bitter perspective of the cheesemaker regarding progress (interpreted as "pennies" or money) have been described; there is also the inclusion of the methods of the teacher beneath his ragged attire, the affluent individuals "with good skin" and their flowerpot boyfriends, as well as the general gossip that tarnishes the honor of others. Without getting Goya-esque in style, Mariscal paints a rather gray portrait of Spain, which only children can consider friendly until one of them unexpectedly dies to remind us of the frequent fate that hangs over the humblest.

However, the "family" of film behaves like this: they reject the dissident by veering her Francoism in the worst case, and at best, a verse too liberal or outdated for the modern era of secularism and democracy. This attitude was forged as she struggled with films that barely made profits. The national cinema had changed and was wagering on messages and tones quite different from hers.

Up until the sixties and its promising batch of films, the country's filmography naturally has a lot of filler, propaganda, folklore, and local humor ("humor cañí") (if you look closely, it hasn't changed that much). Apart from the relevant exceptions of Berlanga, Bardem, Vajda, Mur Oti, or Nieves Conde, at the time it was an entertaining and well-organized film that fulfilled its role upon release. Over time, "its weaknesses became apparent" to put it colloquially. This also happens in several films by the brilliant Edgar Neville. It is not as serious; most of the films made and released today will suffer the same fate.

In the decade when *The Walk* was released, in addition to motorized nuns and musicals that capitalized on the popularity of Marisol, Rocío Dúrcal, Raphael, and even Los Bravos, a handful of titles arrived in theatres won awards (and mostly made money). They became classics, and aged admirably; *Viridiana*, Placid (*Plácido*), *The Executioner* (*El verdugo*), *The Hunt, Aunt Tula*.

The Walk could have joined this list without feeling out of place; with its black and white coloring, the mildly mocking look at certain era-specific quirks, the dramatic ending, and naturalism. Yet it suffered, more than persecution (like that applied to Bardem), from being sidelined, which in this case is even worse. As Oscar Wilde said: "let them talk about you, even if it's bad". This film premiered in the town where it was filmed and received little attention thereafter. It took almost sixty years for people to start talking about it.

*With gratitude to the Delibes Foundation and David García Rodríguez, son of Ana Mariscal, for providing the images of the author in Molledo and during the filming of *The Walk*, as well as the film stills.

Technical details

Original title: "El camino"-**Year**: 1963 – **Country**: España – **Director**: Ana Mariscal – **Cast**: José Antonio Mejías (Daniel), Jesús Crespo (Germán), Ángel Díaz (Roque), Maribel Martín (Uca), Asunción Balaguer (madre de Daniel), Antonio Casas (padre de Daniel), Mary Delgado (madre de Germán), Xan das Bolas (Andrés), Rafael Luis Calvo (padre de Roque), Amparo Gómez Ramos (Sara), Julia Caba Alba (Guindilla mayor), Maruchi Fresno (Guindilla menor), Joaquín Roa (don José), José Orjas (don Moisés), José Sepúlveda (el médico), María Isbert (la Lepórida), Mari Paz Pondal (la Mica), Adriano Domínguez (Dimas), Juan Luis Galiardo (novio de la Mica) – **Production**: Ana Mariscal – **Screenplay**: Ana Mariscal y José Zamit, basado en la novela homónima de Miguel Delibes – **Cinematography**: Valentín Javier – **Music**: Gerardo Gombau – **Editing**: Juan Pisón – **Duration**: 90 minutos – Black and White – Bosco Films.

Deep Spain in The Holy Innocents:
The Elongated Shadow of the Trapped

Rocío Alés

U niversally praised by critics and awarded in internationally recognized competitions, the film adaptation of Miguel Delibes' novel, *The Holy Innocents*, exposes the reader and viewer to a stark reality that is partly hidden and manifests in the rural contexts of Spain for much of the 20th century. It focuses on the backwardness of Spain's countryside and the disparity with the urban world, as well as the preservation of customs and social structures more typical of earlier periods. Delibes contextualizes the film in an estate at a vague location on the border of Portugal, while Mario Camus wanted to focus on a location usually associated with isolation, atavisms, and traditions: Extremadura, specifically Badajoz, to evoke a series of commonplaces that inhabit our "collective unconscious". Swiss psychiatrist and essayist Carl Gustav Jung describes this concept first in the essay entitled *Structure of the Unconscious* (1916), referring to a series of universal images inherited or ingrained within a society. Interestingly, this symbolic inheritance doesn't need to be directly experienced by the individual to be familiar or recognizable, as myths, art and religion are responsible for definitively embedding them in each of us. The concept of "deep Spain", skillfully portrayed by Delibes and Camus in *The Holy Innocents*, is an example of this; a sociological-literary expression that, without having gone through the academic filter of anthropology, history, or philosophy, is undoubtedly a part of, as well as an element of that "collective unconscious" to which we all belong to as individuals that, in this case, inhabit the same country.

What does the idea of "deep Spain" really refer to? Looking closely at our archive of inherited images on the subject, the concept inevitably refers to a socio-cultural stereotype that is often associated with ruralism and atavisms, as well as specific ideas of regression and backwardness in some places of the country in certain space-times contexts. The stereotypes of this hidden world seem clear: the savage brut and the irredeemable ignorant, among others. Consider that art and myths are the catalysts of these inherited and initially diffused images: what are the artistic manifestations that have been embedded in the idea of "deep Spain" in our "collective unconscious" to such an extent that we could almost dare to make a brief portrait of the issue without being experts in the matter? A thorough investigation would reveal an interesting portrayal of this in the old Spanish *Romancero* and in the Golden Age itself. However, it would be the arts of the late 19th, and especially 20th centuries, that would end up standardizing this idea to fully include it in our previously mentioned "collective unconscious".

The Holy Innocents, a novel published in 1981, whose film adaptation would see the light three years later, are excellent examples of the contribution of the arts to the process of solidifying the idea of "deep Spain" in our catalog of inherited and shared images. It is also Delibes' first work placed in Extremadura, as for obvious reasons, Castile was the preferred setting and location. This choice seems deliberate, as both regions have obvious points of connection, both in their structural poverty and rurality in the decade in which the story takes place (1960s). The atmosphere and ways of life in the estate where the plot unfolds become more characteristic of Extremadura's social structures than Castilian ones. However, this decision of the Valladolid writer to place a story of poverty, misery and backwardness in this region is not an isolated occurrence, as throughout the past century numerous writers, painters, filmmakers, and even scientists focused immense attention on the Extremaduran lands. These personal observations of various locations in Extremadura, often distorted, contributed to the linking of the region with the idea of backwardness, illiteracy, rurality, isolation and ultimately with that "deep Spain" in contrast to "civilized Spain" that we presume is in the large cities.

This fact is so unique that a brief overview of the products derived from this anthropological-sociological interest with the picturesque overtones of Spanish rural areas in general and the southwestern peninsula, will help to understand the contribution of *The Holy Innocents*. Specifically, in the process of fixing-constructing this inherited socio-cultural theme as a literary work whose film adaptation would amplify its resonances. Without ignoring the contributions of authors like Galdós in the context of Spanish Literary Realism, or those of Pío Baroja in the context of the Generation of '98, to understand the term "deep Spain" it is necessary to address that of "dark Spain"; a label belonging to the 20th century that is more linked to the visual arts that literature, although more than one example of artistic interweaving is detected in it. Even though in his book *Dark Spain* (*España Negra*) (1920), the painter and writer José Gutiérrez Solana didn't include any towns from the Extermaduran area, the portrayal of marginalized rural Spain in which the oppressive atmosphere becomes almost unbreathable, is an undisputed starting point for the analysis of this element. Several decades later, painter Darío de Regoyos and his friend the Flemish poet Emile Verhaeren, would publish a volume with an identical title. In the same way, they develop a narrative-descriptive account of their impressions on a journey to a series of Spanish enclaves, highlighting their customs, religiosity, processions, death, and barbaric spectacles, emphasizing the morbid and picturesque aspects.

In the same line, almost a decade later, filmmaker Luis Buñuel released *Land Without Bread* (*Tierra sin pan*) (1933), a documentary that exposes the backwardness and poverty of the inhabitants of Las Hurdes during the context of the Spanish Second Republic. It is possibly one of the greatest contributions of art in the construction of the idea and stereotype of "deep Spain" at this point. Its well-known the misrepresentations of the facts and its persistence on portraying children (simulating the death of a girl on camera, in addition to exhibiting the supposed corpse of another child who was actually sleeping), indicating an intention to delve into the most twisted and gruesome aspects of the Hurdan Black Legend. However, this dramatization of poverty has often been seen as an attempt to criticize the disastrous state of the inhabitants of the Cáceres region.

A few decades later, Antonio Ferrer and Armando López Salinas would continue to exploit the stereotype of "deep Spain" in Las Hurdes, revealing in their travel book, *Walking through Las Hurdes* (*Caminando por las Hurdes*) (1950), how the gap between rural and urban Spain was becoming increasingly pronounced. The 1950s and 1960s is marked by the so-called Francoist development which were years of forced progress in a desperate attempt to bring the country up to European standards in infrastructure, industry, and technology. When Ferrer and Salinas made their journey through Las Hurdes in the 1950s, many Spaniards had chosen to leave their hometowns and ways of life in rural communities in favor of big cities; a forced exodus due to the clear rural-urban disparities. The account of the two travelers, illustrated by frames that Buñuel himself would provide to the authors, once again demonstrates the structural poverty of the region, stating that "... after crossing La Alberca on the Salamanca border ... you cross a border, you take a leap in history". The censorship imposed on their second edition was significant, as it never saw the light of day because of the portrayal of "deep and black Spain" with traces of atavism, where time stood still. This was not the image of Spain that the Francoist regime was interested in promoting and exporting beyond borders; it is precisely the space-time context chosen by Delibes for *The Holy Innocents*. The work of Antonio Ferrer and Armando López Salinas, together with *Fields of Níjar* (*Campos de Níjar*) (1959) by Juan Goytisolo, located in the other pockets of the Spanish territory, are part of the social novel that during the 1950s and 60s sought to highlight these imbalances and deficiencies in rural life in the most depressed regions of Spain, which were the main cause of the country's massive rural exodus.

Although *Journey to the Alcarria* (*Viaje a la Alcarria*) (1948) by Camilo José Cela is considered a travel book, its intentionality is more closely related to Regoyos and Solona than to Goytisolo's social novel; it's the author's subjective perspective on the description of an apparently depressed place. In any case, this work perhaps constitutes the first approach to "deep Spain" by an author unanimously recognized as the *alma mater* of "tremendismo" – an ambiguous literary label with imprecise and debated boundaries, which is essential to bring up due to its connection with the concept of "deep Spain" and with Delibes himself. *The Family of Pascual Duarte* (*La familia de Pascual Duarte*) (1942) and other included works were not without controversy, as in the framework of "tremendismo" they were labeled as novels of "disgust and bitterness" as they constitute portraits of a detestable and atrocious Spain, populated by physically and morally degraded primitive beings who don't distinguish between right and wrong. While Cela analyzes Spanish rural life with a ruthless perspective, Delibes adopts a more human viewpoint, a characteristic that leads us to understand why not all his work has been classified as "tremendismo". Precisely, in *The Holy Innocents*, we find a rich collection of commonplaces that configures a fairly precise map of the idea of "deep Spain" without falling into a stereotype or parody. There is a clear intention to dignify its characters rather than degrade them, something that the cast of actors in the film that adapts Delibes' story fulfills with flying colors. Therefore, while Cela is a Goya keen on portraying the harshest aspects of reality, Delibes is a Velázquez trying to dignify the marginalized individuals of society.

The portrayal of "deep Spain" that Delibes unfolds in *The Holy Innocents* largely shares many of the elements that some of the authors mentioned wanted to highlight in their works. Although the level of intentionality has fluctuated, the repetition and emphasis on all these commonplaces have led to the construction of a stereotype etched into our "collective unconscious". There are many and varied aspects of "deep Spain", with Delibes and Camus mainly emphasizing the following: the misery and poverty faced by the inhabitants of the country in certain space-time concepts, hidden and ignored physical and mental illnesses in the eyes of others more developed contexts, and the voracious illiteracy and isolation and sense of timelessness. Other issues are also addressed, such as the customs of individuals closely connected with nature, and their ancestral customs that are despised by a growing society that turns it back on its origins in a clear rural-urban confrontation. Leaving aside the classic analysis of the oppression of the "innocents", who are punished with extreme poverty and servitude which forms the structure of Delibes' narrative, there is an importance in analyzing the presence of these elements of "deep Spain" that Camus' adaptation has further contributed to popularizing.

The Holy Innocents is a story of a humble family in 1960s Spain who serve another noble family of old lineage, who has seen better days, in an estate on the border of Portugal. Due to these circumstances and impeding events that require their presence and assistance, they will have to leave a miserable shack in the so-called "Raya de lo de Abendújar" where they act as caretakers and move to another miserable house attached to the Casa Grande (Big House) of the estate. Another family member joins them; a middle-aged man with a disability who has been kicked out of La Jara, a nearby house where he had been serving and living for decades. Even though there is no clear beginning to the story, Delibes creates it in six chapters, which he calls "books", each enjoying a certain independence from each other to the point that they could be isolated and constitute stories with their own autonomy. Titled both with the character's names (Azarías, Paco el Bajo/Shorty, La Milana/ Black Kite Bird, El Secretario/The Secretary) and context (El Accidente/The Accident and El Crimen/The Crime), Camus would reduce them to four and title them with the name of each of the family members that the story revolves around (Quirce, Nieves, Paco el Bajo, and Azarías). While the novel places the plot completely in the 1960s, Camus updates it by setting the actual action in the present moment, enclosing the narrative body as an evocation of the past. This is done in two episodes of the present life of the eldest son, Quirce (Juan Sánchez), when he returns from his military service to visit his sister and parents, and when he returns to the city to look for work and visit his uncle per his mother's request.

These two moments, which are in a way pseudo-flashbacks are more collective memories than exclusive to the character that gives each of the pieces it names, are where Delibes' story is encapsulated; a story focused mainly on characters that could very well be classified as oppressors, and the oppressed. The latter are undoubtedly the key to the story; victims of a series of infamous and humiliating circumstances that the viewer perceives as their daily life. The viewer can realize that this is only glimpses of specific moments of their lives, hence the lack of a clear beginning, although perhaps a final one (metaphorical in nature, at least). Without a doubt, out of all of them stands out Azarías and the interpretation of him given by Paco Rabal: a man of about 50 years, maybe less, maybe more, psychologically diminished and physically marked by a life constantly exposed to the elements of rural landscapes. Paco el Bajo (Alfredo Landa), the patriarch of the family, shows a mixture of obedience and submission, accepting his fate and only hoping that his children can "educate themselves" to some extent, in order to overcome the poverty that he has had to live with. His wife, Régula (Terele Pávez), is self-denying and sacrificing, who in addition to the weight of servitude, takes care of her family of whom two are dependents: her brother, Azarías, and Niña Chica (Little Girl). The latter, along with Nieves (Belén Ballesteros) and Quirce, are the children of a couple who, due to the harshness of their existence, have had to give up the pleasures of life and happiness. Completing the cast of characters are the oppressors, among whom stand out the young master Iván (Juan Diego), a member of the lineage that presides over by the Marquess who owns the estate, and the foreman Don Pedro (Agustín González), a sort of butler who holds a position superior to the rest of the people who serve there, but much below young master Iván. Although the relationship of the domination-submission between the two groups of characters largely constitutes the key to the story, we will focus our attention on the elements that allow us to fully link *The Holy Innocents* with the idea of "deep Spain".

Undoubtedly, one of the themes that manifests with great persistence throughout the novel and takes on a material and physical presence thanks to the nature of the film, is the misery and material poverty in which the oppressed characters find themselves. We discern this both in them, and in a large part of the locations where the action takes place throughout the film. Azarías is perhaps the personification of this material and moral poverty that these characters of "deep Spain" display, directly parallel with other "depths" such as the American, where "poor white trash" is often portrayed as a marginal substrate of the American population who is historically depressed due to lack of economic and education resources, usually associated with the idea of endogamy. Azarías is presented to us as a man with a face marked by deep furrows, a mouth full of black teeth, and dressed in rags repaired with patches to cover the stains; in other words, he knows nothing of hygiene and change as he simply spends his days wrapped in misery, with which he lives and sleeps permanently. Among his habits, two stand out that have to do with his bodily functions: he explains that he usually urinates on his hands to prevent them from cracking, and moreover, he defecates wherever he pleases, mainly in visible places of passage as he does not distinguish between intimate and public acts. He considers matters of cleanliness unnecessary; "you're creating misery and giving lice to the girl (Chica)", an indignant Régula tells him at one point in the film when she is overwhelmed by the burden of caring for her deficient brother.

This poverty and misery are evident in the primary setting of the film, the shack in La Raya and the house near Casa Grande, all of them superbly chosen in Alburquerque, a town in the province of Badajoz, perfectly recreating the essence of the novel. It is precisely the misery that Quirce observes in the first few minutes of the film posted on the wall of a ruined house in the town of Zafra upon returning from military service currently in the novel (a woman in a stone hut is putting pants on her baby while other children dance and play barefoot in a filthy street surrounded by dogs) that leads to the first flashback. In a plain room illuminated solely by the warmth of the hearth, the family spends the night engaging in various pastimes around a table: Paco el Bajo teaches Quirce to read while Régula mends clothes, and Nieves, the youngest daughter, seems to question the teachings that the father passes on to the son. At bedtime, a cold and damp stone room is presented, illuminated only by a candle with a ramshackle cot as the only furniture. After these initial scenes, we see an exterior shot of the house, the shack in La Raya, built in stone in the middle of a pasture, with nothing around it; a remote and isolated place where it is difficult to imagine life. On the other hand, the house near Casa Grande, or the guard's house, where the family must move due to the requirements of the lords, is completely desolate: a naked light bulb hands from the main cold and dark room that delights a family not accustomed to electric light, one who seems to live in the last century. The rest of the room reveals an equally stark panorama; a portrait of the most absolute poverty in which a family is forced to live with only the bare essentials.

It would precisely be this poverty and misery that writer and philosopher Miguel de Unamuno would leave his mark in Las Hurdes, a piece included in *Spanish Adventures and Vision* (*Andanzas y visiones españolas*) (1920). This work is an extensive compilation of articles and previously published works in different newspapers, in which the author shares the impressions derived from his travels throughout Spanish geography. Keeping in mind the Hurdan Legend of barbarism where supposedly "[...] men bark, dress in skins, and flee from the ... civilized!", Unamuno distances himself and rejects the stereotype to dignify the inhabitants of a region marked by "the sad and harsh land that has fallen to their lot". He aligns with other contemporary thinkers characterized by their concern for the Spain of the time, which in addition to not rejecting, they don't abandon and find themselves attached to despite their isolation, misery, and harsh living conditions.

Untreated mental and physical illnesses constitute another common trope of the "deep Spain" stereotype, an aspect which Camus highlights in *The Holy Innocents* in a raw and brutal manner. Typically hidden, they were a reality that was integrated into the daily lives of rural people, ignored by other social classes or more advanced contexts where perhaps there was an open window to a treatment or cure. This issue would be addressed by Gregorio Marañón and other members of an unprecedented scientific expedition that took place in Las Hurdes in 1922, motivated by a series of reports revealing high mortality rates and endemic diseases in the area. Beyond the legends and constructions fostered by previous travelers and writers, those present could verify that the region was nothing more than an area affected by isolation, ignored by the administration, and plagued by malaria and goiter, among other conditions, which required immediate health intervention. King Alfonso XIII himself, motivated by a regenerative spirit amid the Moroccan conflict crisis, personally visited the area, and although he would notice the changes in the region years later, in the eyes of the broader public, the place had already become irretrievably associated to the notions of isolation, illiteracy, and endemic physical and mental illnesses.

Although, in the character of Azarías, this issue is evident both in his behavior and in how he is treated by other characters. Undoubtedly, the characterization of Niña Chica goes beyond in the portrayal of these "monsters" of "deep Spain" who in a "deep America" could well have been the protagonists of a horror film. Although, we barely see her face throughout the film, only indirectly catching glimpses of deformed features highlighted by a cleft lip. Her body resembles a formless sack, without bones or structure, extending from arm to arm, or lying in a crib where she hasn't fit for years. In a specific scene, we see Régula sitting in a chair, placing Niña Chica between her legs to delouse her, removing the insects one by one and crushing them on her apron to make sure they don't return to her daughter's head. The framing, light, and position of the characters are such that it is hard to avoid calling to mind certain interior scenes depicted by painters like Bartolomé Esteban Murillo, known for his widely imitated the paintings of female religious images described as Candid Immaculate of Conception, also sought to depict the poverty and daily life of common people in Spain during the Golden Age. The connection between the flawed characters in this story is striking: Azarías who is like a large child seems to only be at ease with Niña Chica as if she were the only one who understood him, in his sister's words. Likewise, the viewer witnesses a clash between the two realities of the story: Miss Miriam, the youngest daughter of the visiting marchioness at the estate , inadvertently hears the screams and lamentations of the sick girl, at which point she is led by Azarías into the house of the gatekeepers after inquiring about the sound. The young woman's face when she witnesses the scene reserved only for her, and a faint "My God", gives us a clue to the discovery of a kind of parallel, stark, and atrocious reality that she was completely unaware of. It is worth recalling Mario, the protagonist's younger brother in Camilo José Cela's work *The Family of Pascual Duarte*, who is an equally sickly boy in every sense, his description and fate impact and saddens the reader equally.

Illiteracy, as a social issue and a shameful reality to hide, is another matter that contributes to the portrayal of "deep Spain" in Delibes' story and its film adaptation. From the start of the film, we see that Paco el Bajo tries everything in his power to teach his son to write, or as he would say it "collect letters", teachings that he seems to have received from the "gentlemen" he serves. However, when the family receives the order to move to the house by the gate, and when Don Pedro the surveyor requires Nieves' services for domestic task in Casa Grande, Paco el Bajo obediently complies without fighting for the only aspiration he shares with his partner: that their children be educated to be able to leave behind poverty, and indirectly, servitude. In this regard, Camus is indulgent with the children of the couple, and although it is not specified in Delibes' story, he presently situates them outside the pernicious environment of the estate, in the city performing jobs that do not require much qualification, finally free from the bonds of servitude. Illiteracy as a social scourge of 1960s Spain is also addressed in one of the most heartbreaking scenes of the film: during a feast taking place in Casa Grande, Sir Irvan summons three of his servants, Ceferino, Paco el Bajo, and Régula, and makes them sign a paper before the shameful gaze of René, a French Ambassador they are hosting. The lord, offended by the foreigner's assumption of the Central European cultural superiority, exhibited his subjects like circus monkeys, boasting that they are not animals but literate people. Once again, we see the clash between these two Spains, the rural and the urban, at a time in our history where the gap in development seems more insurmountable than ever. Facing all of this is Azarías, who cannot count past 10 and seems to live happily in complete ignorance, is a kind of lost link amidst Iberian nature.

These traces of rural and dark Spain are absolutely evident in the deep communion with nature that characterizes several of the characters in *The*

Holy Innocents. This was a quality that, in the context of the massive abandonment of the countryside in favor of the city in 1960s Spain, and above all, was on the path to becoming something to be despised. Logically, Azarías is one of the characters who best exemplifies this: from the first scenes of the film, we can see him as a child among the trees "chasing the cárabo"[1] where he is chasing and being chased by a medium-sized bird of prey that inhabits various areas of European geography. The camera follows him at high speed as he appears and disappears among the bushes and treetops through which the last rays of the sun filter. In this scene, which we later discover is a kind of flashforward, he calls the bird with a deep, dull "ehh", and it responds by hooting repeatedly, seeming content and mocking. This kind of connection with nature foreshadows what will be the character's great skill: his relationship with birds, as much of the story revolves around them. On one hand, the "milanas", birds that Azarías has given a generic name and feels a deep affection for as they are almost his only reason for existing (first the Great Duke and then the jackdaw found by Quirce), and on the other hand the cárabo, with which he maintains a kind of attraction-repulsion relationship, and the viewer cannot escape the fear it instills in him.

If the "milanas" appear to undergo a form of personification in the story, as they play an essential role at the beginning and almost a cathartic one at the end, Azarías and Paco el Bajo undergo a reverse process of animalization. Especially, the latter shows a profound knowledge of the animals of the countryside; their smells, movements, and even the ability to predict weather, all qualities that make him the ideal "hunting secretary" for Sir Ivan, something that is exactly the turning point in the relationship between the two. The lord boasts about him to his hunting companions, and while dove hunting, Paco el Bajo even pleads to "be let go" almost as if he were a dog to retrieve the caught pieces. Similarly, we see him throwing himself to the ground and sniffing it, intending to explain his theory about the final moments of the shot-down partridge, thus settling a dispute

---

[1]   Note from Translator: this phrase conveys the action of chasing a bird of prey (cárabo) through the mountains at night.

between the "secretaries" gentlemen present. The animalization of these characters and their connection with nature evokes a strange sensation of attraction and rejection towards these remnants of "deep Spain". There is an attraction because it may allude to a common and primitive origin for all, rejection because it highlights the reclaiming of civilization, of the modern versus the traditional. These sensations are perhaps what are evoked by the characters themselves as we reject what is animal in them, but at the same time feel a certain connection, excluding any mental illness that may be present, because we see ourselves remotely in them and their behaviors.

In this review of the ancestral values of the story and the characters' connection with nature, it is interesting to focus on the music we hear at the beginning of the film, when we see Azarías "chasing the caárabo". The sense of frozen time and isolation, which is another aspect that the story highlights in many ways and is something we automatically associate with the idea of black and "deep Spain", speaks of an Extremadura that has preserved its traditions and folklore, probably being one of the Spanish regions that best preserves them to this day, due to its geographical location. In this regard, Extremadura doesn't have its own musical instrument as other places in Spain do. Therefore, alongside generic string instruments (bandurria, guitar, or accordion), Extremadurans have traditionally used everyday objects in the kitchen or the field such as mortar and pestles, cauldrons, spoons, anise bottles, frying pans, or cowbells as percussion instruments, to liven up celebratory moments with a music of ambiguous noise but of great rhythmic effect. Without a doubt, the music at the beginning and end of the film, where we recognize all these sound objects, leaves a lasting memory in the viewer, as it is also associated with the freest character of all: Azarías. He is the only one who is capable of rebelling against the injustice and oppression of the landowners in that poetic revenge praised greatly by the audience.

In conclusion, the film is structured around a succession of scenes that, like memories, paint a kind of genre painting that makes the dynamics and social roles of rural Spain in the 1960s clear. Along with this is an emphasis around the countryside-city imbalances that were practically unsurpassable at the time leading Spaniards to a massive rural exodus. Additionally, as we have been commenting throughout this chapter, *The Holy Innocents*, along with many other products contextualized in Extremadura and the poorest regions of Spain. The paintings and writings of Regoyos and Solana, the travel diaries of Miguel de Unamuno or Antonio Ferrer and Armando López Salinas, documentaries like Buñuel's, and other novels like Camilo José Cela's *The family of Pascual Duarte,* have contributed to establishing and delimiting the idea of "deep Spain" and "black Spain" in our "collective unconscious". Therefore, we can characterize Delibes' work and its cinematic adaptation as a kind of sociological-anthropological study of rural Spain in the mid-20th century; a portrait parallel to that made in a literal sense by the photographer who in the film attends the communion of the youngest member of the landowners' family (oppressors). Before leaving the estate, he decides to portray the family of gatekeeper servants (oppressed): On the left, Azarías poses with the Milana on his shoulders, sporting an innocent smile free from worry. Next to him, Régula, holds Niña Chica in her arms, looking directly at the camera with her head tilted to the right, highlighting a serious face with hard features that reflects the burden she bears every day of her life. Beside her, Paco el Bajo, stands slightly in front of the others, posing with his hands resting on his knees, excited and grateful for the experience of being photographed by a professional. Finally, on the right, Nieves, faces forward, with a clear face wearing earrings that seem to be the only luxury concession of the family. Quirce, with a furrowed brow, turns his body to the left, evasive and distrustful. This genre painting worthy of the brushes of José Gutiérrez Solana himself, shifts from the overexposure of white to the absolute darkness of black, perhaps alluding to and reflecting on the lights and shadows of a heartbreaking story about "innocents" whose main sentence is something they have not had the capacity to decide and much less the possibility of escaping.

Bibliography

Gutiérrez Solana, José. *La España negra*. Madrid: Comares, 2000.

Regoyos, Darío y Verhaeren, Émile. *La España negra*. Barcelona: Casimiro, 2013.

Sopeña, Federico. "Basta ya". En *Diario Arriba*. Madrid: 5 de agosto de 1951.

Unamuno, Miguel de. *Andanzas y visiones españolas*. Madrid: Alianza Editorial, 2018.

Technical details

Original title: Los santos inocentes; **Year:** 1984; **Duration:** 103; **Country:** España; **Director:** Mario Camus; **Screenplay:** Mario Camus, Antonio Larreta, Manuel Matji; **Novel:** Miguel Delibes; **Cast:** Paco Rabal (Azarías), Paco el Bajo (Alfredo Landa); Régula (Terele Pávez); Iván (Juan Diego); Don Pedro (Agustín González); Doña Purita (Ágata Lys); Nieves (Belén Ballesteros); Quirce (Juan Sánchez), … **Cinematography:** Hans Burmann; **Genre:** drama, vida rural.

Adaptations and Variations, Delibes in the Present and in the Future

JORGE GONZÁLEZ DEL POZO

> "I have spent some wonderful months in the company of your characters, and I hope that the necessary pruning [...] will not worsen your creation as a master but will simply and humbly make it 'cinematizable'. [...] I have put respect, honesty, and enthusiasm into [the script], and I would not forgive myself if I had ruined the novel." (José Luis Cuerda, about the adaptation of *The Heretic/El hereje*).

Miguel Delibes' connection with film is undeniable thanks to the numerous adaptations brought to the big screen, television, and theatre, the majority of which exhibit competence, along with notable instances, which are thoroughly detailed and analyzed in this book. However, the Castilian author's connection with film goes further, not only as an admirer and connoisseur of the artistic value of the film medium, but also as one who has grasped the social importance, as well as the potential influence and impact, of this art for its depth in the public: "Nearly four hundred film reviews, almost another hundred caricatures, and dozens of articles over twenty years, are the legacy left by Miguel Delibes the journalist in the archives of *El Norte de Castilla*. Only in relation to the world of film..." (259). From those celluloid stardust, the sludge of social commitment that novelists interpreted was without whitewashing poverty, relativizing pain or oppression, or the Christian need to exalt misery or suffering. Instead, it was by recognizing in "the losers or the crushed who hold a good cauldron of important truths, of intact dignity, of innate integrity regardless of circumstances and, of course, a testimony of overcoming and silent honesty" (Marqués 160). Despite dealing with extremely delicate topics, Delibes manages to delve deep, and speaks with an honesty that characterizes him all while avoiding polarization. He wins over the reader and viewer with great empathy, a widespread understanding, a clear search for consensus, and ultimately, a human connection and cohesion that is present in his literature and undoubtedly in the film adaptations of his texts. A craftsman of letters, he manages to express what he wanted even in the worst circumstances, in an almost transcendent balance between his Castilian regionalism and the universality that permeates his work. He was able to make "Castile speak" and be "refined by the numerous constraints of censorship, he was forced, even after the dictator's death, to employ a narrative tactic of circumlocution and detours that ultimately proved to be more expressive than direct enunciation" (Neuschäfer 19). This literary craftsmanship, sometimes born out of necessity, is not hidden in complex narrative twists or a complicated style. Javier Tolentino clarified how this author made film and music in each of his books with his vivid imagery, resulting in his texts unfolding like true scripts. Delibes functioned as an architect of emotions, crafting characters almost tailored explicitly for film (cf. 34). This ease of transferring his written works to the screen is evident in the hands of great directors of the national legacy, taking advantage of extremely conducive raw material for visual discourse.

Delibes was - and is - modern without pretensions or constraints, as broad as his Castile; a Castilian who didn't believe in violent revolution, but in integration within the infinite rotation from the center to the periphery and vice versa; a space in which he moved perfectly, organically, with a naturalness typical of a simple but profound Castilian. Above all, the novelist was conscious; he possessed a consciousness that oozed into all his work, the interviews he gave and in his written work, and despite not fully being in his element, it was even evident in his essays on film. Perhaps that was one of his great virtues: courage without pretensions, the responsibility of being aware of his own speaker, without the need for the approval of a pompous writer, or spotlights, or glimmer. Rather, it was recognizing the importance of the heated debate, the one that goes beyond the page and screen, that modifies the lives of all those who approach his work, yet always accompanied with the moderation of his land.

Despite his strong Valladolid roots, he consistently demonstrated openness to broader, universal realities. With these premises, balances, and counterweights in mind, the question arises as to where his literary works and film adaptations stand. What would Delibes think of today's world of film? Ramón García Domínguez commented on how Delibes' position posed something that has been debated in recent decades: "... Spanish film today resembles the American, tomorrow the German, and the day after the French. It lacks personality: it lacks that spiritual spark that allows viewers to discern that nationality of a film without asking about its director" (37). Time has passed since these statements were made, and the film industry, while still influenced by foreign models, also relies on a robust and well established national production. It remains uncertain if it be to Delibes' liking, though one can speculate on what the author would think of current literature, or youtubers and other modern celebrities who publish, or poets so ephemeral that they exist only for a moment? Venturing to say, he would likely show himself much more tolerant and less reluctant than one might think. Despite criticizing the search for instant glamour in this whirlwind of perpetual dazzle, he would observe with a calm, serene gaze, accepting beauty where it existed, truth where it resonated, sieving the wheat from the chaff. Delibes would fully embrace what he already anticipated: the commitment to ecology, sustainability, and love for the land and nature. Above all, he would celebrate the rise of environmental advocacy, and although from concern, he would be satisfied with the issue being on the table, in public debate, forcing us to address it, as he demanded.

The hope is that this book has served to illuminate Delibes' figure more brightly, to bring his work back into the limelight, and to highlight the importance and lasting impact he left, this time through the remarkable and timely medium of film, and the countless adaptations of his bibliography on screens over the decades. Many adaptations have been discussed in this book, and the role of film in his work, even in relation to the figure of Delibes himself, has been examined. However, what really remains uncertain is what is to come, what needs to be worked on, what needs to be advanced to discover or rediscover Delibes in both his texts and the visual representations they have inspired. The last adaptation has been that of *The Walk* by Ana Mariscal, but the pressing questions still hover over the fields of the plateau: when will there be an adaptation of *The Red Leaf* (*La hoja roja*), a universal and timeless story?; or especially, a fearless adaptation with enough resources worthy of *The Heretic*? The ideal context is vibrant and latent, with Delibes retaining his relevance in the 21st century; the field is sown, the wheat grows strong, and the grain ripens under the Castilian sun, awaiting the harvest.

Bibliography

Delibes, Miguel. "Escritos sobre el cine". En *Miguel Delibes: La imagen escrita*. García Domínguez, Ramón, ed. Valladolid: Semana Internacional de Cine de Valladolid, 1993. 257-360.

García Domínguez, Ramón. "Historia de una fascinación". En *Miguel Delibes: La imagen escrita*. García Domínguez, Ramón, ed. Valladolid: Semana Internacional de Cine de Valladolid, 1993. 19-60.

Marqués, Juan. "Delibes y los débiles". En *Delibes*. Valladolid: Fundación Miguel Delibes, 2020. 152-62.

Del Molino, Sergio. "La modernidad de Delibes, el último castellano libre". En *Delibes*. Valladolid: Fundación Miguel Delibes, 2020. 117-36.

Neuschäfer, Hans-Jörg. "Haciendo memoria: Delibes, 'historiador'". En "La escritural plural de Miguel Delibes". *Archiletras. Revista de Investigación de Lengua y Letras*. Vol. 1. Verano, 2021. 29-42.

Tolentino, Javier. "La sinfonía fílmica de Miguel Delibes". En *Más allá de las novelas. Delibes, el cine y el teatro*. Madrid: Comunidad de Madrid, 2021. 33-42.